Herzogliches Schloss in Hannover an der Leinstraße (Leineschloss), Philipp Christoph Graf von Königsmarck wurde hier am 11. Juli 1694 das letzte Mal gesehen, bevor er spurlos verschwand; Tuschzeichnung von J. J. Zeuner, um 1675. Gottfried Wilhelm Leibniz Bibliothek, Hannover: MS XXIII 703 Bl. 12r

Johann-Tönjes Cassens

Mord aus Staatsraison

Die Affäre Königsmarck

MatrixMedia

Impressum

www.matrixmedia.info
www.welfen.de

Umschlagabbildung (vorne):
Sophie Dorothea von Braunschweig-Lüneburg (1666-1726) und
Philipp Christoph Graf von Königsmarck (1665-1694)

Umschlagabbildung (hinten):
Der niedersächsische Landtagspräsident Bernd Busemann
präsentiert 2016 einen Knochenfund aus dem ehemaligen Leineschloss in Hannover

Redaktionelle Bearbeitung: Werner Lehfeldt
Gestaltung und Layout: Masood Ghorbani, MatrixMedia
Druck: druckhaus köthen, Köthen
ISBN: 978-3-946891-08-6

Die Veröffentlichung dieses Buches
wurde gefördert durch:

Prolog

Porträt eines Herren und einer Dame; Ölbild (Ausschnitt) von J. Hulsmann, um 1650

Unglücklich verlaufene Liebesgeschichten können seit jeher mit dem Interesse, der Anteilnahme eines großen Publikums rechnen. Eine sehr berühmte und zugleich tragische Liebesgeschichte stellt der Fall der Kurprinzessin Sophie Dorothea von Braunschweig-Lüneburg und ihres Liebhabers Philipp Christoph Graf von Königsmarck dar. Die Affäre spielte sich vor über 300 Jahren ab und wurde bereits in Dutzenden von Dokumenten, Überlieferungen, Romanen und sogar Verfilmungen behandelt. Noch in unserer Gegenwart schreibt die Hannoversche Allgemeine Zeitung über diese Tragödie, wenn neue Indizien für eine Klärung des Falles zutage treten. Bei den mutmaßlichen Indizien handelt es sich um bei Bauarbeiten gefundene Knochenreste im ehemaligen Leineschloss in Hannover, seit 1962 Sitz des Niedersächsischen Landtages, die möglicherweise auf einen Mord an Philipp Christoph Graf von Königsmarck hinweisen. Dieser verschwand am 11. Juli 1694 spurlos, als er seine Geliebte, Prinzessin Sophie Dorothea von Braunschweig-Lüneburg, im Leineschloss besuchen wollte. Die Situation für das Liebespaar war zu jener Zeit äußerst bedenklich, denn die Prinzessin war mit Prinz Georg Ludwig von Braunschweig-Lüneburg (Hannover) verheiratet. Die Mätresse von dessen Vater Ernst August, Clara Elisabeth Gräfin von Platen, soll in früherer Zeit selbst mit Königsmarck eine Liebschaft unterhalten, zumindest aber für ihre Tochter Sophie Charlotte eine Heirat mit ihm ersehnt haben. Doch Königsmarck, ein hochrangiger Offizier und attraktiver Hofkavalier, war nun einmal nur für die junge Prinzessin Sophie Dorothea entbrannt. Soll etwa eine aus verschmähter Liebe hervorgegangene Intrige für das Verschwinden oder gar den Tod Königsmarcks ausschlaggebend gewesen sein?

Gegen Ausgang des 17. Jahrhunderts versuchten die Herrscherhäuser oftmals, ihre politische und ihre ökonomische Situation nach dem Ende des Dreißigjährigen Krieges zu konsolidieren. Krisen waren ständig an der Tagesordnung. Die absolutistischen Herrscher rühmten sich ihrer Macht, die jedoch allein auf Privilegien und ererbten Besitzrechten beruhte. So war die gesellschaftliche Situation im absolutistischen Staat von Spannungen und Schwierigkeiten geprägt. Als probates Mittel zur Durchsetzung und Festigung von Machtansprüchen galten Eheschließungen von Angehörigen mächtiger Dynastien untereinander.

In diesem Klima absoluter fürstlicher Macht erregte die Affäre der verheirateten Kurprinzessin mit einem Hofkavalier natürlich Missfallen und erfuhr Ablehnung, ungeachtet des Umstands, dass sich der hochfürstliche Ehemann Kurprinz Georg Ludwig von Braunschweig-Lüneburg selbst frivolen Lustspielen hingab und sich zahlreiche Mätressen leistete.

Das Leineschloss in Hannover.
Hier wurde Philipp Christoph Graf von Königmarck
am 11. Juli 1694 zum letztenmal gesehen, bevor er spurlos verschwand;
Lithographie von W. Kretschmer nach
J. J. Zenner von 1675

Herzog Georg Wilhelm (1624-1705) regierte das Fürstentum Lüneburg; Ölbild (Ausschnitt) um 1690

Will man die Liebestragödie von Kurprinzessin Sophie Dorothea und Graf Philipp Christoph von Königsmarck aufklären, muss man sich Zutritt zu den internen Verhältnissen am damaligen Hof verschaffen sowie einen historischen Rückblick unternehmen. Unsere Szenerie innerhalb des 17. Jahrhunderts war in drei Fürstentümern verortet, deren Ursprünge bis ins 13. Jahrhundert zurückreichen. Im Jahre 1235 belehnte Kaiser Friedrich II. den Enkel Heinrichs des Löwen, Otto das Kind, mit dem neugeschaffenen Herzogtum Braunschweig-Lüneburg. Durch Erbteilung wurde das Herzogtum im Laufe der Jahrhunderte in mehrere Fürstentümer aufgesplittert.

So kam es, dass im späten 17. Jahrhundert, zur Zeit der Affäre Königsmarck, das welfische Herzogtum aus drei Fürstentümern bestand: Im Fürstentum Calenberg-Göttingen, mit der Residenzstadt Hannover, regierte Herzog Ernst August. Im Fürstentum Lüneburg, mit der Residenzstadt Celle, regierte der ältere Bruder von Ernst August, Herzog Georg Wilhelm, und im Fürstentum Braunschweig-Wolfenbüttel, mit der Residenzstadt Wolfenbüttel, herrschte ein entfernter Vetter der beiden welfischen Brüder, Herzog Anton Ulrich. Alle Welfen führten den Titel »Herzog von Braunschweig und Lüneburg«. Dabei spielte es keine Rolle, über welches Gebiet der jeweilige Titelträger tatsächlich herrschte. Im Hinblick auf die uns beschäftigende Affäre ist es von besonderem Interesse, dass zwischen den Brüdern Ernst August und Georg Wilhelm ein Verhältnis – sagen wir – besonderer Art bestand. Nach einem kleinen Heiratsskandal – wir werden auf ihn noch zu sprechen kommen – unterschrieben sie 1658 einen sogenannten Brauttauschvertrag. In ihm trat Herzog Georg Wilhelm seine Verlobte, Sophie von der Pfalz, seinem jüngeren Bruder Herzog Ernst August ab. Georg Wilhelm wollte sich nicht in die Zwänge einer Ehe fügen und verpflichtete sich in dem Vertrag, dass er keine legitimen Nachfolger haben werde und dass nach seinem Tod Ernst August die beiden Fürstentümer Calenberg-Göttingen und Lüneburg allein erben solle. Doch entgegen diesem Vertrag ehelichte Georg Wilhelm später doch noch seine Mätresse, die Hugenottin Eléonore d'Olbreuse, und 1666 wurde dem Paar eine Tochter geboren, die auf den Namen Sophie Dorothea getauft wurde. Damit die beiden Fürstentümer dennoch wiedervereinigt werden konnten, heiratete Ernst Augusts ältester Sohn, Georg Ludwig, im Jahre 1682 seine Cousine ersten Grades Sophie Dorothea. Gestützt auf diesen Machtzuwachs, konnten die Welfen aus Calenberg 1692 die neunte Kurwürde

Karte des Herzogtums Braunschweig-Lüneburg mit den drei Fürstentümern Lüneburg, Calenberg-Göttingen und Wolfenbüttel. Im Jahr 1692 ging aus den beiden Fürstentümern Lüneburg und Calenberg-Göttingen das Kurfürstentum Braunschweig-Lüneburg hervor.

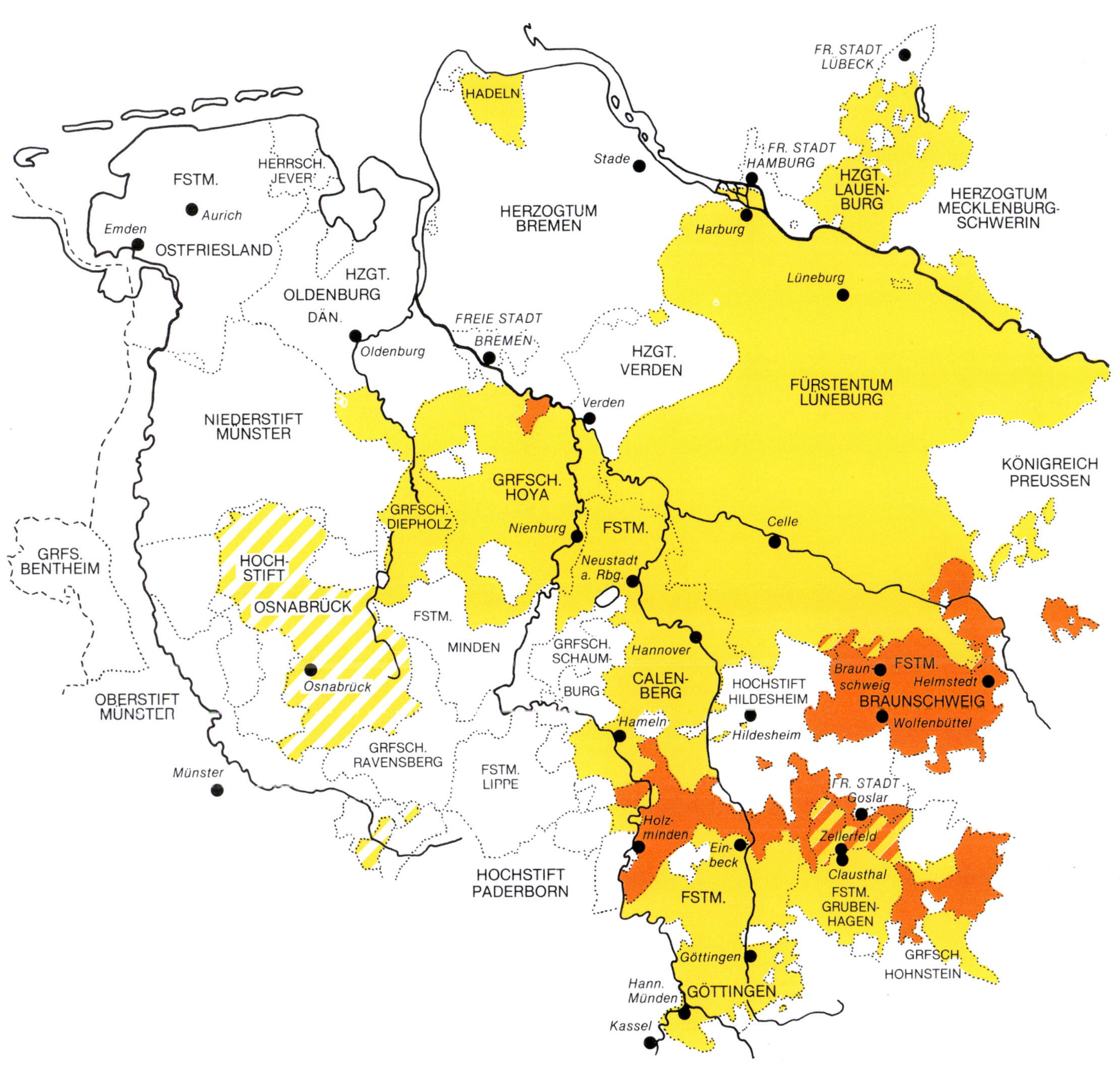

FR. STADT LÜBECK
HADELN
Stade
FR. STADT HAMBURG
HZGT. LAUENBURG
HERZOGTUM MECKLENBURG-SCHWERIN
FSTM.
HERRSCH. JEVER
Aurich
Emden
OSTFRIESLAND
HERZOGTUM BREMEN
Harburg
HZGT. OLDENBURG
DÄN.
Lüneburg
FREIE STADT BREMEN
Oldenburg
HZGT. VERDEN
FÜRSTENTUM LÜNEBURG
Verden
NIEDERSTIFT MÜNSTER
KÖNIGREICH PREUSSEN
GRFSCH. HOYA
GRFSCH. DIEPHOLZ
Celle
Nienburg
FSTM.
GRFS. BENTHEIM
HOCH-STIFT
Neustadt a. Rbg.
OSNABRÜCK
FSTM.
MINDEN
GRFSCH. SCHAUM-BURG
Hannover
FSTM.
Braunschweig
Helmstedt
CALEN-BERG
HOCHSTIFT HILDESHEIM
BRAUNSCHWEIG
Osnabrück
OBERSTIFT MÜNSTER
Hameln
Wolfenbüttel
Hildesheim
GRFSCH. RAVENSBERG
FSTM. LIPPE
Münster
FR. STADT Goslar
Holz-minden
Zellerfeld
Ein-beck
Clausthal
HOCHSTIFT PADERBORN
FSTM.
FSTM. GRUBEN-HAGEN
Göttingen
GRFSCH. HOHNSTEIN
Hann. Münden
GÖTTINGEN
Kassel

Herzog Ernst August (1629-1698) regierte das Fürstentum Calenberg-Göttingen mit den Grafschaften Diepholz und Hoya. Ernst August wurde 1692 von Kaiser Leopold I. die 9. Kurwürde des Heiligen Römischen Reiches verliehen; Ölbild von F. J. Voet, um 1670

des Heiligen Römischen Reiches erwerben. Damit wurde ein ehrgeiziges Ziel erreicht, das Herzog Ernst August über viele Jahre hinweg angestrebt hatte. Dafür hatte er allerdings an Kaiser Leopold I. eine gewaltige Summe entrichten müssen. Ferner hatte er in seinem Fürstentum die Primogenitur einführen müssen, um weitere Erbteilungen auszuschließen. Gemäß der Primogenitur erbt stets der Erstgeborene das gesamte Herrschaftsgebiet. Dieser Schritt führte innerhalb der Familie zu Intrigen und zu der bekannten Prinzenverschwörung, die insbesondere unter dem Einfluss von Herzog Anton Ulrich, dem entfernten Vetter aus Wolfenbüttel, betrieben wurde. Dieser missgönnte seinem Vetter in Hannover die Rangerhöhung. Selbst die Ehefrau von Herzog Ernst August, Sophie von der Pfalz, war in die Verschwörung verwickelt, weil sie den Erbausschluss ihrer nachgeborenen Söhne zu verhindern bestrebt war.

Seit dem Jahr 1700 wurde es immer wahrscheinlicher, dass Kurfürstin Sophie einmal den Thron von Großbritannien besteigen würde; denn in diesem Jahr starb im Alter von nur elf Jahren William, Duke of Gloucester, der einzige Sohn der Königin Anne aus dem protestantischen Haus Stuart, der die Thronfolge dieses Hauses hätte sichern können.

Das höfische Leben in Hannover orientierte sich ganz an dem Vorbild des Hofes des französischen Sonnenkönigs Ludwig XIV. Immer mehr entwickelte sich der prunkliebende Hof in Hannover auch zu einem geistig-kulturellen Mittelpunkt.

Herzog Ernst August verfolgte eine auf Machterweiterung für sich und sein Land sowie eine Erhöhung des Ansehens seiner Familie ausgerichtete Politik. Bei der Verfolgung dieser Ziele musste die uns interessierende Liebesaffäre als Störfaktor wirken, den es auszuschalten galt. Die »Lösung« bestand darin, dass für das Verschwinden – vermutlich durch Mord – des Liebhabers Graf Philipp Christoph von Königsmarck gesorgt wurde und dass dessen Geliebte, die Kurprinzessin Sophie Dorothea, den Rest ihres Lebens in der Verbannung, auf Schloss Ahlden an der Aller, fristen musste.

Wie aber kann man diese Affäre, diese Tragödie aufklären, nachdem sich um sie zahlreiche Legenden und Verschwörungstheorien gerankt und sich so viele dubiose Zeitzeugen zu Wort gemeldet haben? Forensische Untersuchungen können sich hierbei nur auf Dokumente beziehen, deren Stimmigkeit durch eine vergleichende Untersuchung überprüft werden muss.

Bei meinen zahlreichen Besuchen im Niedersächsischen Landesarchiv und in der Gottfried-Wilhelm-Leibniz-Bibliothek in Hannover konnte ich mir einen Überblick über die einschlägigen Dokumente und das historisch aufgearbeitete Archivmaterial zu dem Thema »Königsmarck« verschaffen. Mitte des 20. Jahrhunderts hat bereits der Historiker und Archivar Georg Schnath in mehreren Bänden eine wissenschaftliche Untersuchung zu den einstigen Vorgängen am Hofe in Hannover publiziert. Ich werde auf seine Untersuchungsergebnisse später zu sprechen kommen. Zunächst aber möchte ich einen detaillierten Einblick in das Leben der Hauptprotagonisten und das der Nebendarsteller geben. Gegen Ende werde ich die vermeintliche Mordnacht aus einem Stück Literatur von Robert Folkstone Williams zitieren. Im Epilog will ich die Definition des Mordes auch aus heutiger juristischer Sicht darstellen und die Indizienkette für die Beantwortung der Frage auswerten, ob es sich um einen Mord aus Staatsraison handelte.

Herzog Anton Ulrich (1633-1714) regierte das Fürstentum Braunschweig-Wolfenbüttel. Er stand zeitlebens in Konkurrenz zu den Welfen in Hannover; Ölbild um 1680

Die unglückliche Geschichte

Skizzieren wir zunächst die unglückliche Geschichte der Prinzessin Sophie Dorothea und ihres Liebhabers Philipp Christoph Graf von Königsmarck. Sie ereignete sich vor über 300 Jahren am kurfürstlichen Hof in Hannover.

Schon in den vergangenen Jahrhunderten haben sich Chronisten und Poeten ausgiebig mit Sophie Dorothea, dieser ungekrönten »Königin der Herzen«, beschäftigt. Selbst Friedrich Schiller hat ein Drama mit dem Titel »Die Prinzessin von Celle« entworfen, das dann aber unvollendet blieb. Man kann sich gut vorstellen, wie nervös Herrscherhäuser wurden, wann Skandale drohten, an die Öffentlichkeit zu gelangen.

Sophie Dorothea war, wie bereits erwähnt, die am 15. September 1666 in Celle geborene Tochter des Herzogs Georg Wilhelm und der Hugenottin Eléonore d'Olbreuse. Sie war ein hübsches, aufgewecktes und begabtes Mädchen. Die Eltern

Sophie Dorothea (1666-1726) Prinzessin von Braunschweig-Lüneburg (Celle); Ölbild von Henri Gascar, um 1685

schenkten ihrem einzigen Kind viel Wärme und Zuneigung, was in der damaligen Zeit in Hochadelskreisen durchaus nicht weitverbreitet war.

Als die Prinzessin 15 Jahre alt wurde, schmiedeten ihre Eltern schon Heiratspläne für sie. Da Sophie Dorothea nicht nur ein entzückendes Äußeres hatte, sondern auch Anrechte auf ein reiches Erbe besaß, bewarben sich Fürsten, Herzöge und sogar ein König um sie. Als ihr Vetter, Georg Ludwig, Sohn des Herzogs Ernst August und der Herzogin Sophie aus Hannover, ebenfalls um Sophie Dorotheas Hand anhielt, wurde dieser Antrag von ihren Eltern zunächst zurükkgewiesen. Aber aus rein dynastischen Gründen einigte man sich nach langen Verhandlungen schließlich doch über einen Ehevertrag. Sophie Dorothea musste also Georg Ludwig heiraten und war darüber todunglücklich, denn ihrem stocksteifen Vetter konnte sie einfach nichts abgewinnen. Jedoch wurde, ganz entsprechend den damaligen Gepflogenheiten an Fürstenhöfen, auf die persönlichen Gefühle der Braut keine Rücksicht genommen, denn schließlich ging es um die Stabilität und die Einheit des Herrscherhauses. Sophie Dorothea fügte sich also widerwillig in die arrangierte Verbindung. Als die Prinzessin einem Sohn und Erben das Leben geschenkt hatte, schien die Ehe einen unerwartet glücklichen Verlauf zu nehmen. Doch als sich Kurprinz Georg Ludwig nach der Geburt des zweiten Kindes eine Mätresse, die Gräfin Ehrengard Melusine von der Schulenburg, nahm, fühlte sich Sophie Dorothea von ihm zutiefst gedemütigt.

Prinz Georg Ludwig (1660-1727)
Kurprinz ab 1692, Kurfürst ab 1698 und
König Georg I. von Großbritannien ab 1714;
Kupferstich um 1685

Die Tragödie nahm ihren Verlauf, als 1688 der elegante, brillant aussehende Offizier Philipp Christoph Graf von Königsmarck am Hofe erschien. Er entstammte einem alten märkischen Adelsgeschlecht. Sein souveränes Auftreten beeindruckte viele Menschen, nicht zuletzt die Kurprinzessin. Wann genau die Liebesaffäre begann, ist nicht bekannt. Das erste Schreiben Philipp Christophs an die Prinzessin ist auf den 1. August 1690 datiert. Königsmarck trat in hannoversche Dienste ein und nahm als Offizier an Kriegen gegen Frankreich und die Osmanen teil. Seit dieser Zeit wechselte das Paar viele Briefe. Es ist aus heutiger Sicht erstaunlich, dass die glühende Liebesbeziehung zunächst geheimgehalten werden konnte. Aber in den höchsten Hofkreisen war es schon lange vor der Katastrophe von 1694 bekannt

Philipp Christoph (1665-1694) Graf von Königsmarck; Ölbild um 1690

gewesen, dass die Kurprinzessin Sophie Dorothea »etwas mit Königsmarck hatte.«[1]

Der verheirateten Prinzessin und ihrem Liebhaber war bewusst, dass sie mit dem Feuer spielten. Deshalb waren die Briefe häufig undatiert, wurden immer verschlüsselt und mit Decknamen versehen. Das Paar gab sich Namen, die es zeitgenössischen Romanen und Opern entnommen hatte.

Als der Kurfürst von Sachsen, August der Starke, Königsmarck eine Stelle als Generalmajor der Kavallerie angeboten hatte, befürchtete der hannoversche Hof eine Flucht des Paares. Inzwischen waren nämlich Briefe abgefangen worden, in denen Königsmarck Sophie Dorothea immer wieder seine Zuneigung beteuert hatte: »Meine Liebe gibt mir so viel Mut, dass ich alle Qualen der Welt widerstehen werde.« Sophie Dorothea gestand ihrerseits: »Mein Herz gehört Ihnen so ganz, dass es sich niemals von ihnen trennen wird.«

Als Königsmarck am Abend des 11. Juli 1694 Sophie Dorothea im Leineschloss aufsuchte, möglicherweise um – wie später einige Zeitzeugen mutmaßten – letzte Fluchtvorbereitungen zu treffen, verschwand er urplötzlich. Keine Spur von ihm war zu entdecken.

Wie war das möglich gewesen? Königsmarck war ein bekannter und angesehener Offizier am Hof, der seit einigen Jahren im Dienst des Kurfürsten stand. War er etwa verschleppt oder verbannt worden? Auch sein Leichnam wurde nicht mehr gefunden. Dass der junge Offizier um sein Leben gefürchtet hatte, geht aus folgenden Zeilen hervor, die er seiner Geliebten 1691 geschrieben hatte:

»Und also liebe ich mein Verderben
Und häge ein Feuer in meiner brust,
daran ich doch zuletzt mus sterben.
Mein Untergang ist mir gar wol bewusst. [...]«[2]

Prinzessin Sophie Dorothea (1666-1726) mit ihren beiden Kindern Georg August (1683-1760) und Sophie Dorothea (1687-1757) der Jüngeren, als ihre Liebe zu Königsmarck entbrannte; Ölbild von Jacques Vaillant, um 1690

Der Hof in Celle

Sophie Dorothea (1666-1726) Prinzessin von Braunschweig-Lüneburg (Celle); Ölbild um 1682

Herzog Georg Wilhelm und Eléonore d'Olbreuse hatten das Schloss in Celle zu einer vierflügeligen Anlage nach italienischem und französischem Vorbild ausgebaut. In der Sommerzeit hatte bereits die Mutter des jungen Philipp Christoph, Maria Christin von Königsmarck, dieses prächtige Residenzschloss häufig besucht. Für die Familie Königsmarck, vor allem für die Kinder, war die Parkanlage mit dem Wassergraben ein wunderbarer Ort für Zersteuung und Erholung. Doch diese schöne Zeit fand ein abruptes Ende, als sich Sophia Dorothea und Philipp Christoph immer näher kamen. Die ehrgeizige Eléonore d'Olbreuse hegte für ihre Tochter ganz andere Pläne. In dieser Zeit konnte Herzog Georg Wilhelm den Kaiser in Wien dazu bewegen, Eléonore 1675 in den Stand einer Reichsgräfin zu erheben. Außerdem erklärte sich der Kaiser damit einverstanden, dass Sophie Dorothea, sollte sie in die Familie eines regierenden Fürsten einheiraten, das Wappen der Welfen führen dürfe. Georg Wilhelm ging sogar noch einen Schritt weiter und ließ sich mit kaiserlichem Segen kirchlich mit Eléonore trauen. Dieser Schritt befreite Sophie Dorothea von dem Schandfleck einer illegitimen Geburt.

Wir erinnern uns an den 1658 zwischen den Brüdern Ernst August und Georg Wilhelm abgeschlossenen Brauttauschvertrag. In ihm hatte sich der Herzog aus Celle dazu verpflichtet, dass er keine legitimen Nachkomen haben werde, damit nach seinem Tod Ernst August die beiden Fürstentümer Calenberg-Göttingen und Lüneburg erben könne. Dieser Zweck des Vertrages schien nun gefährdet, als im Jahre 1675 der intrigante Herzog Anton Ulrich aus Wolfenbüttel im Einvernehmen mit dem Celler Hof die Verlobung seines ältesten Sohnes August Friedrich mit Sophie Dorothea bekanntgab. Der überraschende Tod des Erbprinzen aus Wolfenbüttel im Kampf gegen französische Truppen bei der Eroberung der Festung Philippsburg machte Anton Ulrichs ehrgeizigen Heiratsplan allerdings zunichte. Von da an waren Ernst August und Sophie aus Hannover fest entschlossen, ihren ältesten Sohn Georg Ludwig so bald wie möglich mit Sophie Dorothea zu verheiraten. Der ausgehandelte Ehevertrag wurde im September 1682 am Celler Hof unterschrieben, und Sophie Dorothea musste bereits im Dezember 1682 ihren Vetter Georg Ludwig aus Hannover ehelichen.

Die zielstrebig und hastig vorbereitete Hochzeit in Celle verlief alles andere als festlich. Es gab nur eine triste Zeremonie. Die Braut weinte unaufhörlich. Sie fühlte sich gleichsam aufs Schafott geführt. Dokumentiert hat dies mit sicherem Blick für die Geschehnisse der französische Gesandte Ludwigs XIV., als er schrieb: »Es geschah ohne irgendwelche Zeremonien und fast unbemerkt von der Außenwelt.« Eléonore war in Celle nur noch darauf bedacht, die Formalitäten schnell zum Abschluss zu bringen, damit die Ehe unverzüglich vollzogen werden konnte. Man begleitete sogar das Brautpaar direkt in das Hochzeitszimmer. Das war nun wirklich keine Hochzeit, wie sie sich Sophie Dorothea erträumt hatte. Es war kein Tag erhofften Glücks.

Schloss Celle in heutiger Ansicht mit Blick auf die Ostfassade des Schlosses.

Herzog Georg Wilhelm (1624-1705) von Braunschweig-Lüneburg (Celle); Kupferstich um 1680

Sophie Dorothea war zuvor in sorglosen Verhältnissen herangewachsen, der Celler Hof war für sie ein kleines Paradies gewesen. Ihre Eltern waren in gegenseitiger Zuneigung miteinander verbunden und hatten ihrem einzigen Kind jeden Wunsch erfüllt. Sie war ein durch und durch verwöhntes Mädchen, aufgeweckt und phantasievoll. Noch während sie heranwuchs, übertrug ihr der Vater beträchtliche Vermögenswerte. Sie war also eine reiche und attraktive junge Frau, als sie aus rein dynastischen Gründen ihren Vetter heiraten musste.

Als Prinz Georg Ludwig in Hannover dafür bestimmt wurde, in das Leben seiner Cousine, der schönen Prinzessin aus Celle, zu treten, war nicht Zuneigung für eine liebreizende Braut die Triebfeder. Allein maßgebend war die Absicherung von Besitzverhältnissen und die Erweiterung einer Machtsphäre.

Vor Sophie Dorothea stand kein strahlender, gelockter Prinz, den sie überglücklich in die Arme hätte nehmen wollen. Außerdem war ihr zu Ohren gekommen, wie abschätzig ihre Schwiegermutter Sophie über sie redete, da sie doch eigentlich nicht ebenbürtig sei. Diese ehrabschneidenden, unerträglichen Reden waren an beiden Höfen bekannt. Vor allem diffamierte Sophie die junge Prinzessin ständig damit, dass sie ein »Bastard« sei und »Mausdreck in Pfeffer«. Sophie Dorothea war am Boden zerstört, und niemand vermochte ihr zu helfen.

Erst als das Paar kurz vor Weihnachten 1687 ins Leineschloss nach Hannover übersiedelte, besserte sich Sophie Dorotheas Situation. Ihre Staatskarosse zog durch die engen Straßen der Stadt, und der Braut wurde begeistert zugejubelt. Sophie Dorothea glaubte, ihre Würde wiedergefunden zu haben, und winkte mit bezauberndem Lächeln der Menge zu. Einen solchen begeisterten Empfang hatte sie nicht erwartet, und so erfüllte sie dieser Empfang mit Trost und Hoffnung. Es folgte im Leineschloss ein prächtiges Bankett mit Musik, Theater und Ballett in barocker Pracht.

Eléonore Desmier d'Olbreuse (1639-1722) als Hofdame der Prinzessin von Tarent. Im Alter von 26 Jahren lernte Eléonore Herzog Georg Wilhelm in Kassel kennen; Ölbild um 1660

Der Hof in Hannover

Sophie von der Pfalz (1630-1714), ab 1658 Herzogin von Braunschweig-Lüneburg, ab 1692 Kurfürstin von Hannover, Ölbild von G. van Honthorst; um 1655

Die Ehe Sophies von der Pfalz aus dem Brauttauschvertrag verlief, von einigen Enttäuschungen abgesehen, einigermaßen glücklich. Herzog Ernst August machte Karriere und wurde im Jahre 1662 zum Fürstbischof von Osnabrück nominiert sowie 30 Jahre später vom Kaiser in Wien für seine treuen Dienste im Kampf gegen Türken und Franzosen mit der neunten Kurwürde des Reichs ausgezeichnet. Obwohl sein offizieller Titel »Kurfürst von Braunschweig-Lüneburg« lautete, sollte er als Kurfürst von Hannover in die Geschichte eingehen.

Seine Gemahlin, Sophie von der Pfalz, musste im Hinblick auf ihren Mann und dessen zuweilen ungehobelte Manieren Nachsicht üben. Doch gab es in ihrem Leben auch Glück. Im Leineschloss gebar sie ihrem Gemahl die Söhne Georg Ludwig und Friedrich August. Fürsorglich kümmerte sie sich um die Erziehung ihrer Kinder. Nachdem die Familie nach Schloss Iburg bei Osnabrück umgezogen war, wurden dort noch die Kinder Maximilian, Sophie Charlotte, Karl Philipp, Christian und Ernst August geboren. Das war für sie nach eigenem Bekunden die glücklichste Zeit ihres Lebens.

Die Kurfürstin verstand es, ihr Leben interessant und erfahrungsreich zu gestalten. Reisen nach Venedig, Rom und Holland brachten reichlich Abwechslung. Mitten im Winter mit der Postkutsche nach Italien zu reisen, empfand sie gar nicht als strapaziös. Die Teilnahme an dem bunten Treiben der venezianischen Karnevalszeit empfand sie als exotisch und erfrischend. Sophie war kommunikativ und pflegte eine vornehme Konversation. Auf allen Reisen, ob nach Verona oder nach Vicenza, wurde sie vom italienischen Adel überaus herzlich empfangen. Ihr zu Ehren wurden Konzerte und prachtvolle Bälle veranstaltet. Sie genoss diese Atmosphäre und konstatierte gelegentlich: »Dass die Damen in jenem Land das Glück haben, mit sehr wenig Aufwand Gefallen finden zu können.«[3] Sophie lebte in Venedig nach eigenem Bekunden »auf großem Fuß.«[4] Dennoch waren die Sitten Italiens, wie sie schrieb, »überhaupt nichts für meinen Geschmack, ebenso wenig das Klima für mein Gemüt.« Und weiter: »Man kann sich denken, wie fremd sich eine Deutsche wie ich in einem Lande gefühlt hat, in dem man nur an Liebesaffären denkt und wo sich die Damen für entehrt halten, wenn sie keinen Verehrer haben.«[5]

Am Ende ihrer Memoiren glaubt Sophie erklären zu müssen, sie wolle weder als Heldin der Geschichte erscheinen, und schon gar nicht wolle sie zu den Damen gehören, die durch ihr prachtvolles Leben und ihr außergewöhnliches Auftreten berühmt geworden seien. Sie schreibt in ihren Memoiren: »Es gibt keine bessere Beschäftigung, als sich an die vergangenen Zeiten zu erinnern.«[6]

Die Mutter Sophies war eine Tochter König Jacobs I. von England und damit eine Enkelin Maria Stuarts. Sophie war eine sehr gebildete Aristokratin aus königlichem Hause und fühlte sich dem einheimischen Adel turmhoch überlegen. Ihre hohe Herkunft verlieh ihr ein ausgeprägtes Selbstvertrauen, das sie am Hof und gegenüber ihren Mitmenschen stets wirkungsvoll einzusetzen verstand. Den Brauttausch der Brüder Georg Wilhelm und Ernst August musste sie passiv als »Objekt des Geschehens« erdulden. Der Heiratsverzicht ihres Schwagers wurde dabei auch schriftlich fixiert. Welch große mentale Kraft hat diese Frau aufbringen müssen, als ihr eine derartige ehrverletzende Kränkung widerfuhr! Nicht ohne Sarkasmus vermerkte Sophie in ihren Memoiren: »Ich erlebe das Wunder des Jahrhunderts, meinen Mann (Ernst August) zu lieben«.[7] Die spätere Übersiedlung vom Osnabrücker Stadtschloss in die hannoversche Residenz hat sie nur widerwillig vollzogen. Das noch aus dem Mittelalter stammende Leineschloss war finster und ungemütlich. Sie hatte hier das Gefühl, in einem Gefängnis leben zu müssen. Ihre Gemütsverfassung wirkte lange Zeit bedrückt, denn in Hannover fehlte jene Eleganz, die der Osnabrücker Hof ausstrahlte.

Herzog Ernst August (1629-1698), Kurfürst von Hannover 1692; Ölbild um 1680

Eine entscheidende Wende in Sophies Leben vollzog sich erst, als der Große Garten in Herrenhausen ihr neue Entfaltungsmöglichkeiten bot. Mit aller Energie machte sie sich an die Arbeit, die kunstvoll ausgestalteten Gärten an der Sommerresidenz zu veredeln und zu verschönern. Der große Barockgarten von Herrenhausen wurde in den nächsten Jahren zum Inhalt ihres Lebens.

Den Schmerz aus verweigerter Anerkennung und Demütigung erfuhr indes auch die zukünftige Kurfürstin Sophie. Denn Ernst August ignorierte die Gefühle seiner Frau, suchte ungeniert Zerstreuungen und begab sich mit seiner Mätresse Gräfin

*Clara Elisabeth (1648-1700)
Gräfin von Platen;
Kupferstich um 1690*

Clara Elisabeth von Platen auf Vergnügungsreisen nach Italien. Nicht abfinden konnte sich Sophie mit der von Ernst August durchgesetzten Primogenitur. Die Erlangung der Kurwürde 1692 versöhnte die Familie zwar, und ihr langgehegter Traum, die Königswürde von Großbritannien zu erringen, verlieh ihr Mut. Mit ihrem unbeugsamen Stolz, ihrer Weltläufigkeit und ihrem hellwachen Verstand überwand sie in heiterer Gelassenheit eine Fülle von Schicksalsschlägen.

Im hohen Alter gab ihr der Gedankenaustausch mit dem Philosophen Gottfried Wilhelm Leibniz neuen Lebensmut. Ihre Interessen waren es, die dem geistigen Schaffen des großen Denkers Ansporn verliehen. Dass Leibniz seine Lebens- und Schaffenskraft in der Residenz Hannover einsetzte, ist sicherlich auch das Verdienst der Kurfürstin Sophie. Ihr langjähriger Briefwechsel mit Leibniz zeigt uns nicht nur eine vielseitig interessierte Fürstin, sondern auch einen Philosophen, der freudig

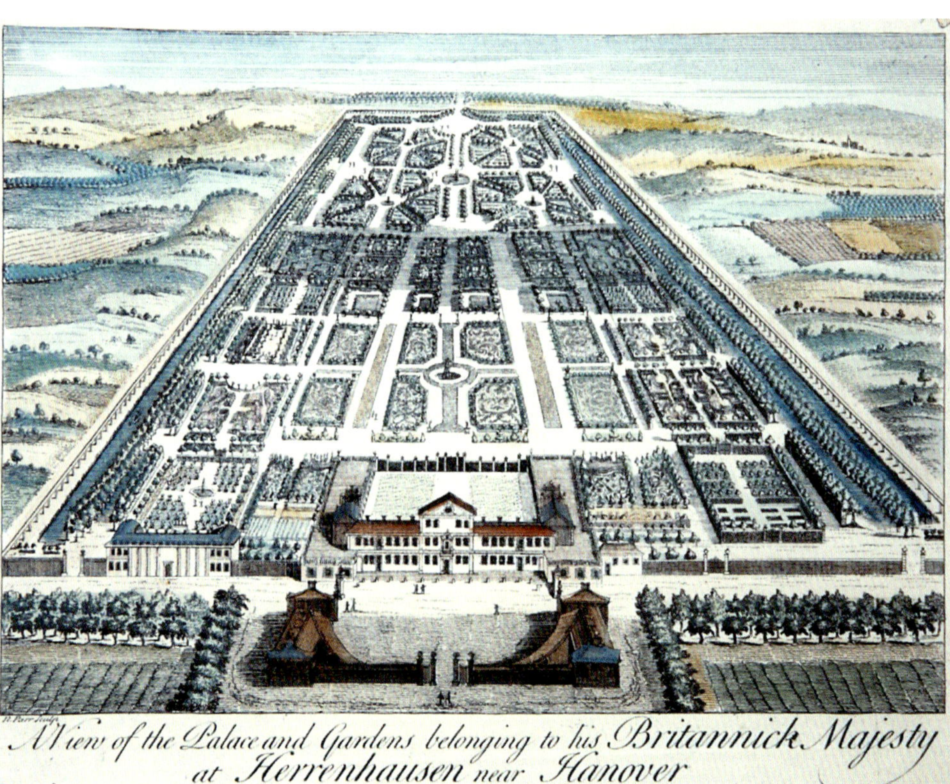

*Schloss Herrenhausen
mit dem Großen Garten
von Norden aus betrachtet;
Kupferstich um 1720*

deren Fragen und Überlegungen aufgreift. Sophie hat das Schaffen von Leibniz in der Korrespondenz, sowie auf ausgedehnten gemeinsamen Spaziergängen in den Gärten von Herrenhausen anteilnehmend begleitet.

Solange Sophie lebte, fehlte es Leibniz nicht an höfischen Aufgaben, die hauptsächlich in der Erledigung diplomatischer Aufträge im Zusammenhang mit der Thronfolgefrage zwischen Hannover, London, Berlin und Wien bestanden. Für Leibniz war es auch wichtig, eine Union der Lutheraner und der Reformierten zustandezubringen, aber auch hier »erwies sich die Zeit für Leibniz' philosophische Weite und seherischen Blick nicht reif.« Die Kurfürstin Sophie blieb stets seine Schülerin. Sie verehrte den Philosophen respektvoll und sah in ihm ihren fürsorglichen Lehrer und Ratgeber. Die Beziehungen zwischen ihr und Leibniz wurden immer vertrauter und inniger. Als sie nach einem Spaziergang in den Herrenhäuser Gärten vor einem plötzlichen Regenguss eilig Schutz suchte, brach sie erschöpft zusammen und verstarb am 8. Juli 1714. Mit ihr verlor Leibniz eine treue Gefährtin und Freundin und verspürte eine verzehrende Trauer. Auch er wurde selbst kränkelnd und bekannte, »selbst nicht mehr zu leben zu wünschen.«[8] Ein 1866 von Engelhard geschaffenes Marmordenkmal der Kurfürstin steht noch immer an jener Stelle im großen Garten von Herrenhausen, an dem sie gestorben ist.

Als Sophie Dorothea im Leineschloss ankam, wurde ihr als Wohntrakt der unmoderne Altbau zugewiesen – kein Vergleich mit den prachtvollen, mondänen Gemächern in Celle. Ihr einziger Lichtblick war Eléonore von dem Knesebeck, eine Vertraute, die sie nach Hannover hatte mitnehmen dürfen, sowie ein kompletter Hofstaat, der sich um die Kurprinzessin zu kümmern hatte.

Sophie Dorothea empfand für ihren Cousin nicht die geringste Leidenschaft, da er weder elegant noch attraktiv war und auf die junge Frau wie ein stocksteifer Galan wirken musste. Sie empfand sich als ein Häufchen Elend. Obwohl innerlich zerbrochen, fügte sie sich am Ende ihrem Schicksal. Sie war bereit, die Pflichten einer Kurprinzessin

Kurfürstin Sophie (1630-1714) von Hannover; Ölbild um 1700

Sophie Dorothea (1666-1726)
dargestellt als Flora,
die römische Göttin der Blüte und des Frühlings;
Ölbild nach Henri Gascar, um 1686

zu übernehmen. Hätte sich sie sich allerdings mit den einzelnen Bestimmungen ihres Heiratsvertrages vertrauter gemacht, dann wäre ihr bewusst geworden, dass sie von Anfang an auf verlorenem Posten stand. Erst Jahre später wurde ihr beim Studium des Vertrages zur Gewissheit: »Es ist zu meiner Überraschung sehr ungünstig für mich [...] der Kurfürst (Georg Ludwig) kann über alles verfügen und mir sogar die Pension streitig machen.«[9] Sie sah sich eingezwängt und musste sich mit dem unbequeme Hofleben im Leineschloss abfinden. Schon nach wenigen Jahren war sie nicht mehr bereit, die Demütigungen ihres Gemahls hinzunehmen. Er brachte nicht einmal mehr den Anstand auf, seine Liebschaften vor ihr zu verbergen. Verständnisvolles Zureden vonseiten ihrer Mutter fruchteten nicht. Sophie Dorothea entgegnete ihr: »Mutter, mein Verderben ist es, an der Seite dieses Mannes leben zu müssen, ungeliebt und verachtet. Das ist mein Unglück, ich will lieber sterben, als so weiter zu leben.« Auch ihre Mutter wusste um die eigenen Demütigungen, die sie am hannoverschen Hof zu ertragen hatte. Voller Verachtung nannte man sie dort nach wie vor »Frau Harburg«[10] oder schlicht »Madame«.

Sophie Dorothea fügte sich dem Hofzeremoniell, und es wurden zwei Kinder geboren, 1683 Georg August und 1687 die Tochter Sophie Dorothea, genannt die Jüngere. Von einer glücklichen Ehe konnte man dennoch kaum sprechen. Zu groß waren die Differenzen zwischen den Mentalitäten der Eheleute. Während Sophie Dorothea schon eine ästhetische und idealistische Weltsicht für ihr Zeitalter vorwegnahm, sah sich ihr Ehemann Georg Ludwig noch einem traditionellen Rollenspiel und einer pragmatisch-rationalistischen Haltung verpflichtet. In der Tat gab er im Verhältnis zu seiner schönen Frau keine gute Figur ab. Als Kurprinz unterwarf er sich den höfischen Bedingungen, die sein Vater aufgestellt hatte, aber gleichzeitig war er ein ebenso ehrgeiziger wie erfolgreicher Feldherr, der sich an der Seite des Prinzen Eugen und des Herzogs von Marlborough gegen die Bedrohung vonseiten der Osmanen und der Franzosen zu behaupten vermochte. Sein Handeln als Kurfürst und später als König Georg I. von Großbritannien war von einer ausgewogenen Innenpolitik geprägt. Außenpolitisch konnte Georg durch seine Verbindungen und Verhandlungen ein stabiles und neues Kooperationssystem im frühen Europa schaffen.

Sophie Dorothea brillierte auf Hofzeremonien, Veranstaltungen und Festen. Sie war der strahlende Mittelpunkt der höfischen Gesellschaft. Nach und nach kehrte ihr Selbstbewusstsein zurück. In der Konversation mit Gästen beeindruckte sie mit ihrer französischen Beredsamkeit. Mehr und mehr fühlte sie sich auch berufen, im Leineschloss französische Hofeleganz einzuführen. Besonders engagierte sie sich bei der Ausgestaltung und der Erweiterung der Herrenhäuser Gärten – eine Vorliebe, die sie mit ihrer Schwiegermutte, der Kurfürstin Sophie, teilte.

Die Kurprinzessin widmete sich der Aufgabe, die Attraktivität der Herrenhäuser Gärten zu vergrößern. Schloss und Garten boten die ideale Aura, in der die Etikette der Barockzeit am wirkungsvollsten zelebriert werden konnte.[11]

Prinz Georg Ludwig (1660-1727), ab 1692 Kurprinz, ab 1698 Kurfürst von Hannover und ab 1714 König Georg I. von Großbritannien; Ölbild um 1680

Ein weiteres Projekt war das in den Jahren 1689 bis 1693 errichtete Hecken- bzw. Gartentheater. Es ist das einzige erhaltengebliebene Gartentheater und erfreut sich auch heute noch in der Sommerzeit großer Beliebtheit. Während die Kurfürstin Sophie den Ausbau des Gartentheaters vorangetrieben hatte, indem sie dort Tausende von jungen Hainbuchen und Lindenbäumen anpflanzen ließ, schätzte die Kurprinzessin Sophie Dorothea die räumliche Geborgenheit und die rundum angelegten Kiesflächen mit den Wasserfontänen. Unter freiem Himmel zu flanieren, zu plaudern, das erinnerte sie an die glückliche Kindheit am Celler Hof.

Nachweislich hat Sophie Dorothea einen Teil ihrer jährlichen Einkünfte für den Ankauf seltener Pflanzen und Bäume zur Verfügung gestellt. Sie verfügte über beträchtliche botanische Kenntnisse. Sophie Dorothea war schon von ihren Eltern in Celle in die Zauberwelt von Parkanlagen und Gärten eingeführt worden.

Höfische Silbergefäße mit den Initialen Georg Ludwigs (G L); Hannover nach 1700

Einen spektakulären Auftritt hatte die Kurprinzessin, als sie zusammen mit dem Kurprinzen Georg Ludwig das neuerbaute Opernhaus auf dem Gelände des Leineschlosses eröffnen durfte. Seit 1672 fanden in Hannover Opernaufführungen ausschließlich im benachbarten herzoglichen Ballhof statt sowie in dem viel zu kleinen Schlosstheater. Am 30. Januar 1689 fand das kulturhistorisch imposante Ereignis statt: Eröffnung des barocken Opernhauses direkt am Schloss, das insgesamt 1.300 Besuchern Platz bot. Die Dimensionen dieses Baus lassen sich nur erahnen, wenn man bedenkt, dass die Stadt Hannover zur damaligen Zeit ca. 11.000 Einwohner zählte. Es war ein außergewöhnliches Musiktheater. Fortan waren die kostspieligen Italienreisen der herzoglichen Familie überflüssig geworden. Das Opernhaus war seinerzeit eines der berühmtesten Bauwerke in Hannover. Die Eröffnung des imposanten Gebäudes mit der Oper »Enrico Leone« des italienischen Komponisten Agostino Steffani war eine Sensation. Der Titel der Oper war bewusst ausgewählt worden, denn das gewaltige Musikspektakel diente auch politischen Zielen. Die eigenen dynastischen Ansprüche des Welfenhauses sollten durch den Bezug auf Heinrich den Löwen deutlich manifestiert werden.

Lichterfest mit Maskerade im Gartentheater des Großen Gartens von Herrenhausen; Ölbild von J. F. Lüders, um 1730

HENRICO
LEONE,
Dramma dà recitarsi per l' anno
MDCLXXXIX.
Nel nuovo Theatro
D' HANNOVER.

Titelblatt des Librettos von O. B. Mauro zu der italienischen Oper »Henrico Leone« des Barockkomponisten Agostino Steffani, Hannover 1689

Die Schwester des Grafen Philipp Christoph von Königsmarck, Maria Aurora, hat das Opernereignis in folgende Worte gefasst: »Diejenigen, welche Musik lieben, gaben der Oper allen anderen Vergnügungen den Vorzug. Es ist gewiss, dass sich dort Auge und Ohr entzückt. Der Ort, wo sie aufgeführt wird, könnte das goldene Haus heißen. Die Logen, in denen der Hof sitzt, sind ganz in goldglänzenden Skulpturen mit reichen Wandbekleidungen aus dem feuerroten Samt gestreiften Goldstoff bedeckt. Wenn alle diese Logen durch weiße Kerzen erleuchtet und von so vielen Edelstein geschmückten Fürstinnen und anderen wohlgebildeten Damen erfüllt sind, würde dieser Anblick genügen, die Gemüter mit sich fortzureißen. Was sich ihnen entgegenstellt, bringt nicht wenig dazu bei. Das Theater ist von sehr edler Bauart, die Bühne weit, die Perspektive wunderschön. Nichts kann mit der prächtigen und gut angeordneten Kleidung der Schönheit der Stimmen verglichen werden.«[12] Georg Ludwig teilte allerdings die Wertschätzung der Hofdamen für Musik und Gartenkunst nicht. Er genoss zwar das Hofzeremoniell, aber nur soweit, wie es seinen Vorlieben und Zwecken diente. Die Oper ließ er später aus Sparsamkeitsgründen eingehen. Den glänzenden Ballettaufführungen konnte er nichts abgewinnen. Nur die italienische Schauspielergruppe blieb bestehen.

Am 27. Juni 1694 verließ Sophie Dorothea das Leineschloss und begab sich nach Bruchthausen in der ehemaligen Grafschaft Hoya, um sich dort im Amtshaus mit ihrem Vater auszusprechen. Die Trennung von ihrem Ehemann Georg Ludwig war inzwischen unumgänglich geworden. Sie fühlte sich betrogen, hintergangen und gedemütigt. Die Trennung stand bevor, und auch ihr Ehemann Kurprinz Georg Ludwig selbst machte Andeutungen in diese Richtung. Die Hoffnung, bei ihrem Vater Verständnis für ihre seelische Not zu finden, erwies sich allerdings als trügerisch. Er lehnte die Scheidung ab, woraufhin Sophie Dorothea ihren Vater nie mehr wiedersehen sollte.

Querschnitt des Opernhauses am Leineschloss zu Hannover mit Blick auf die Bühne,
Kupferstich nach einer Tuschzeichnung von J. F. Jungen, um 1748;
aus: Johann Penther, Anleitung zur Bürgerlichen Bau-Kunst, Augsburg 1744-1748

Haupt- und Nebenakteurinnen in der Liebestragödie

Höfische Damen; Ölbild (Ausschnitt); Deutsche Schule, um 1700

Bevor ich mich der Familie Königsmarck, insbesondere Philipp Christoph Graf von Königsmarck, dessen Rolle als Soldat und als Hofkavalier und dessen Schicksal widme, möchte ich einige wichtige Damen des höfischen Lebens in Hannover Revue passieren lassen sowie einige historische Details anführen. Man muss sich klar darüber sein, dass neben den Gemahlinnen und den vielen Hofdamen auch die Mätressen am Hof eine besondere Rolle spielten. Je klüger die Mätressen operierten, desto weiter reichten ihr Einfluss und ihre Macht. Sie nahmen an Staatsgeschäften teil und waren oft auch bei Regierungsverhandlungen einflussreich präsent. Für auswärtige Botschafter war es wichtig, vor allem das Vertrauen der auserwählten Mätresse des Fürsten zu gewinnen. Es gab staatskundige Damen, die es vermochten, die Hand ihres Herrschers zu führen. Man kann hier deutlich studieren, wie öffentlich etabliert diese Damen im absolutistischen System waren. Zu den einflussreichsten Mätressen im Leineschloss zählte Gräfin Clara Elisabeth von Platen, auf die wir im Epilog noch näher zu sprechen kommen werden. Am Londoner Hof war Melusine von der Schulenburg die führende Mätresse.

Eléonore Desmier d'Olbreuse

Eléonore d'Olbreuse wurde 1639 im väterlichen Schloss in Poitou, im Südwesten von Frankreich, dem Stammsitz der Desmier d'Olbreuse geboren. Ihre Familie war seit Generationen hugenottisch. Eléonore kam an den calvinistischen Hof des Prinzen von Tarent und wurde im Haushalt als Hofdame beschäftigt. Im Gefolge der Prinzenfamilie gelangte sie an den Hof von Versailles, wo sie aufgrund ihrer Schönheit Bewunderung erregte und Aufnahme fand. Doch für sie als bekennende Calvinistin waren die Karrierechancen am Hof des Sonnenkönigs Ludwig XIV. gering, und so übersiedelte sie schließlich 1660 zusammen mit der Prinzessin von Tarent, die aus dem landgräflichen Haus Hessen stammte, nach Kassel. Hier, am landgräflichen Hof von Hessen-Kassel, lernte sie den jungen Herzog Georg Wilhelm aus Celle kennen. Dieser verliebte sich spontan in die bezaubernde Französin. Gern hätte der Herzog dieser außergewöhnlichen Frau einen Heiratsantrag gemacht, doch gegenüber seinem jüngeren Bruder hatte er, wie wir wissen, schriftlich das Versprechen abgegeben, niemals wieder zu heiraten. Standhaft erklärte Eléonore ihrem Bewerber, sie werde niemals seine Mätresse werden. Zum erstenmal fühlte sich Georg Wilhelm einer Frau in Zuneigung und Liebe innig verbunden. Es war eine aussichtslose Situation! Doch im November 1665 fand Georg Wilhelm eine Lösung. In einem mit Eléonore abgeschlossenen Vertrag, der auch von seinem Bruder Ernst August und dessen Frau Sophie unterzeichnet wurde, verpflichtete sich der junge Herzog in Celle gegenüber Eléonore, dass er sie niemals verlassen und ihr jährlich 2.000 Taler überlassen werde, ferner, dass ihr nach seinem Tod jährlich 6.000 Taler zustehen sollten. Dies war ein privates und ohne kirchlichen Segen abgegebenes Versprechen. Mit ihm konnten Ernst August und Sophie leben, und es schien geradezu als eine Versicherung gegen eine standesgemäße Heirat. Georg Wilheln ernannte Eléonore zur »Frau von Harburg«, und im folgenden Jahr 1666 wurde ihnen die Tochter Sophie Dorothea geboren. Herzog Georg Wilhelm und Eléonore führten in Celle einen weltoffenen Hof, an dem viele Italiener und vor allem Franzosen verkehrten.

Eléonore ließ das Celler Schloss mit sehr viel Sinn für komfortable wohnliche Gemächer neu gestalten. Die Fenster wurden mit seidenen französischen Vorhängen drapiert, und auf edlem Porzellan wurden französische Speisen serviert. Sie entwickelte eine Kunstfertigkeit, wie sie an deutschen Höfen bis dahin noch keinen Zugang gefunden hatte. Sie ließ auch die Wehranlagen beseitigen und schuf um das Schloss herum ein ansehnliches Parkgelände. Die französische Lebensart sowie

Eléonore Desmier d'Olbreuse (1639 1722)
als Herzogin von Braunschweig-Lüneburg (Celle);
Ölbild von G. Romandeau, um 1680

Georg Wilhelm (1624-1705)
Herzog von Braunschweig-Lüneburg (Celle);
Ölbild um 1700

Kunst und Kultur hatten im Celler Schloss Einzug gehalten. Es fehlte an nichts. Argwöhnisch berichtete Sophie aus Hannover in einem Brief nach Heidelberg: »Der Celler Hof, so sagt man, ist ganz französisch.« In der Zwischenzeit war es aber zum Zerwürfnis zwischen den Brüdern gekommen. Georg Wilhelm hatte nämlich sein Ernst August gegenüber abgegebenes Versprechen gleich mehrfach gebrochen. Unter dem ehrgeizigen Einfluß Eléonores erreichte der Celler Herzog 1675 beim Kaiser, dass Sophie Dorothea für legitim und damit für erbberechtigt erklärt wurde. Dabei verlieh Leopold I. Eléonore den Titel einer Gräfin von Wilhelmsburg. Somit wurde es Georg Wilhelm ermöglicht, Eléonore im Jahr 1676 zu heiraten und sie zur Herzogin von Braunschweig und Lüneburg zu erheben. Damit die Fürstentümer Calenberg-Göttingen und Lüneburg dennoch vereinigt werden konnten, musste Georg Ludwig aus Hannover seine Celler Cousine Sophie Dorothea 1682 aus rein dynastischen Gründen heiraten. Die überaus unglückliche Ehe sowie Sophie Dorotheas Verbannung nach Schloss Ahlden an der Aller belasteten das Verhältnis zwischen Georg Wilhelm und Eléonore.

1698 verstarb Kurfürst Ernst August in Hannover. Als sieben Jahre später auch Georg Wilhelm 1705 für immer die Augen schloss, kam es sogleich zur endgültigen Vereinigung der beiden Fürstentümer. Herzogin Eléonore musste das von ihr so prachtvoll ausgestattete Celler Schloss verlassen und in das Lüneburger Stadtschloss übersiedeln. Erst 1716 gestattete ihr Kurfürst Georg Ludwig, der seit 1714 als König in London residierte, die Rückkehr ins Celler Schloss. Von hier aus durfte sie regelmäßig ihre verbannte Tochter in Ahlden besuchen. Eléonore d'Olbreuse ging als die letzte Herzogin von Celle in die Geschichte ein. Sie starb im Alter von 85 Jahren im Celler Schloss.

Ihre historische Bedeutung haben Eléonore d'Olbreuse und Kurfürstin Sophie nicht erahnen können. Sie wurden die Stammmütter mehrerer europäischer Dynastien.[13]

Staats- bzw. Audienzgemach
im Celler Schloss in heutiger Ansicht

Clara Elisabeth Gräfin von Platen

Clara Elisabeth Gräfin von Platen war die älteste Tochter der Eheleute Georg Philipp und Anne Elisabeth von Meysenbug. Mit ihrer Familie fand sie Aufnahme am Hofe in Hannover und diente der Herzogin Sophie als Hofdame. 1673 heiratete sie den Diplomaten und späteren Premierminister Franz Ernst Graf von Platen, obwohl sie bereits seit 1672 die Mätresse von Herzog Ernst August war. Aus dem Verhältnis mit dem Herzog ging 1675 die Tochter Sophie Charlotte hervor. Der 1674 geborene Sohn Ernst August stammte aber mit großer Wahrscheinlichkeit von dem Grafen von Platen. Von Natur aus herrschsüchtig, übte die Gräfin später großen Einfluss auf den Kurfürsten aus. Sie war die mächtigste Frau am hannoverschen Hof. Der Kurfürst wurde ihr mit den Jahren vollkommen hörig. Dieser Umstand sollte, wie wir später sehen werden, noch von erheblicher Bedeutung für unsere Liebestragödie sein. Dank ihrem Einfluss auf den Kurfürsten erklomm ihr Gemahl die Karriereleiter und wurde Premierminister. Der Graf hatte keinerlei Probleme damit, die von seiner Frau mit dem Kurfürsten gezeugte Tochter als sein eigenes Kind anzuerkennen.

Franz Ernst (1631-1709) Graf von Platen trat um 1659 in den Dienst von Herzog Ernst August. Platen wurde in Hannover 1689 zum Premierminister ernannt und zum Reichsgrafen erhoben; Kupferstich um 1690

Souverän regelte Gräfin von Platen sämtliche Familienangelegenheiten und verschaffte ihrer Schwester Catharina Zugang zu dem Prinzen Georg Ludwig, dessen Mätresse sie wurde. Als Philipp Christoph von Königsmarck in den hannoverschen Militärdienst eintrat, umgarnte sie auch diesen jungen, charmanten Kavalier. Angesichts ihres lockeren Lebenswandels dürfte zwischen ihr und Königsmarck eine intimere Liebesbeziehung bestanden haben. Dieses Verhältnis einer reiferen Frau zu einem blutjungen Kavalier wurde allerdings irreparabel zerrüttet, als sich Königsmarck weigerte, ihre Tochter Sophie Charlotte zu heiraten. Sein freimütiges Bekenntnis, er sei in Liebe zu der Prinzessin Sophie Dorothea entbrannt, empfand die Gräfin als herben Affront. Sie war es nicht gewohnt, dass ihre Wünsche so schroff abgewiesen wurden. Diese Nachricht wurde sogleich dem Kurprinzen überbracht. Von nun an verstärkten sich bei der Gräfin Rachegefühle. Es entwickelte sich ein Drama, das zu einem tödlichen Ende führen sollte.

Die Gräfin von Platen war 18 Jahre jünger als die Kurfürstin Sophie. Sie verstand es nicht nur, ihre körperlichen Vorzüge herauszustreichen, sondern sie demütigte die Kurfürstin, indem sie – gegen alle höfische Etikette – deren Kleidung und Gebaren nachahmte. Die sprichwörtliche Contenance der Kurfürstin geriet ins Wanken, als sie feststellen musste, dass der Perlenschmuck der Platen an Üppigkeit alles übertraf.

»Gräfin Platen hatte sich sogar den türkischen Pelz der Herzogin Sophie nachmachen lassen.«[14]

Allerdings geriet die Stellung beider Frauen ins Wanken, als eine Rivalin auftauchte, die Erbprinzessin Sophie Dorothea von Celle. Doch der Gräfin von Platen gelang es trotz brüchig gewordener Eleganz, sich über lange Zeit das Vertrauen des Kurfürsten zu bewahren. Ihre Machtposition als Madame Gross, die Übermächtige, war so ausgeprägt, dass sie keinerlei Hemmungen hatte, das Verlangen des jungen Grafen Philipp Christoph von Königsmarck nach Liebesabenteuern auszunutzen. Die Affäre mit ihm hatte wohl – so ist zu vermuten – intimere Züge angenommen, weil sonst kaum zu verstehen sein würde, weshalb die Kurprinzessin Sophie Dorothea Gründe gehabt haben sollte, auf die Gräfin von Platen – wie in einem Brief vermerkt – eifersüchtig zu sein. Die Gräfin vermochte die ihr von Königsmarck angetane Kränkung nicht zu überwinden. Sie wollte und konnte sich einfach nicht damit abfinden, dass Graf Königsmarck immer enger werdende Liebesbeziehungen zu der Prinzessin Sophie Dorothea unterhielt.

Clara Elisabeth (1648-1700) Gräfin von Platen; Ölbild um 1685

1692 wurde Ernst August die Kurwürde zuerkannt. Sie war vom hannoverschen Hof nur unter großen Mühen errungen worden. Auch noch zu dieser Zeit schätzte Ernst August den Rat und die Meinung seiner Mätresse. Clara von Platen verstand es sicherlich, dem Kürfürsten mit dem gehörigen Nachdruck klarzumachen, dass die Liebesaffäre seiner Schwiegertochter Sophie Dorothea die Befestigung seiner neuen Würde gefährden bringen könne, da diese noch nicht von allen europäischen Höfen anerkannt worden war. Diese Ermahnungen werden ihn bewogen haben, dazu beizutragen, dass diese Affäre beendet werden sollte. Vor allem dynastische Gründe waren es, die im ausgehenden 17. Jahrhundert einen solchen Zwang zum Handeln auslösten. Das Prinzip einer unanfechtbaren Erbfolge hatten im Barock die Frauen durch eine untadelige Lebensführung zu garantieren.

Nachdem die Gräfin von Platen im Jahre 1700 verstorben war, sollen Abschriften eines auf dem Totenbett abgelegten Geständnisses in Umlauf gewesen sein, in dem sie angeblich ihre Mitschuld am Tode Königsmarcks bekennt. Das Originaldokument, sollte ein solches wirklich existiert haben, ist jedoch bis heute nicht aufgefunden worden.[15]

Ehrengard Melusine Gräfin von der Schulenburg

In unserem Portrait mächtiger Frauen rund um die Liebestragödie von Sophie Dorothea und Philipp Christoph von Königsmarck darf Ehrengard Melusine von der Schulenburg, gewöhnlich Melusine genannt, nicht fehlen. Das Licht der Welt erblickte sie am 25. Dezember 1667 auf dem Rittergut bei Haldensleben (im heutigen Sachsen-Anhalt). Ihre Geschwister spielten in Gesellschaft und Politik größere Rollen: Matthias Johann von der Schulenburg wurde Feldmarschall der Republik Venedig und erwies sich als Kunstmäzen. Margarethe Gertrud heiratete ihren Verwandten Friedrich Achaz von der Schulenburg-Hehlen und nahm in der um die Mitte des 18. Jahrhunderts neugegründeten Linie von der Schulenburg-Wolfsburg eine Schlüsselstellung ein. Sophie Juliane (1668-1753) heiratete Raban Christoph von Oeynhausen.

Melusine selbst trat mit 23 Jahren 1690 in den Hofdienst der Herzogin Sophie von Braunschweig-Lüneburg (Kurfürstin ab 1692) ein. Dort interessierte sich für sie recht bald der älteste Sohn ihrer Herrin, Kurprinz Georg Ludwig, der Melusine von der Schulenburg zu seiner Geliebten machte und dieses Verhältnis in aller Öffentlichkeit zeigte. Sophie Dorothea hingegen, die – wie wir bereits wissen – einzig aus dynastischen Gründen mit Georg Ludwig verheiratet worden war, durfte ihre Liebesbeziehung mit dem Grafen von Königsmarck nicht in dieser Weise ausleben.

Melusines Charakter war von Geduld und Nachsicht geprägt. Stets wollte sie der Welt etwas Gutes und Liebes tun. Nicht einmal ihre Gegner zweifelten daran, dass sie Kurprinz Georg Ludwig aufrichtig liebte, niemand unterstellte ihr, aus eigennützigen Gründen dessen Mätresse geworden zu sein. Melusine und Georg zeugten insgesamt drei Töchter, die offiziell nicht anerkannt, sondern nur schamhaft als Nichten Schulenburgs ausgegeben wurden. Natürlich wusste der Hochadel Bescheid.

Nachdem die Affäre Königsmarck/Sophie Dorothea tragisch ausgegangen war und Sophie Dorothea ihr Leben nunmehr auf Schloss Ahlden fristen musste, entwickelte sich für Melusine das Schicksal günstig. Im Jahr 1698 wurde Georg nach dem Tod seines Vaters Kurfürst. Doch es sollte noch eine weitere Rangerhöhung hinzukommen. Den Anstoß dazu bildete der Umstand, dass sich in England die regierende Stuart-Königin Anne nach einem Erben umzusehen hatte. Tragischerweise hatte sie alle ihre 16 Kinder überlebt, und ihr Halbbruder und seine Nachkommen waren leider katholisch. So blieb nur Stammbaumforschung übrig, und dabei verfiel man auf die Kurfürstenwitwe Sophie, Georgs Mutter, deren Mutter selbst eine Stuart gewesen war. Sophie selbst war es nicht mehr beschieden, die Krone zu erben, doch Georg wurde nach Anne Stuarts Tod 1714 König von Großbritannien, d.h. von England und Schottland.

Georg I. war von seiner neuen Aufgabe nicht sehr begeistert. Er mochte weder Land noch Leute und sprach zunächst kaum Englisch. So nutzte er jede sich ihm bietende Gelegenheit, sich in dem ihm vertrauten Kurfürstentum aufzuhalten, über das er weiterhin in Personalunion regierte. 1716 verlieh er Melusine einige irische Titel. Sie wurde Duchess (Herzogin) of Munster, Countess (Gräfin) of Dungannon und Baroness Dundalk. Weitere Ehrungen folgten 1719: Duchess of Kendal, Countess of Feversham und Baroness Glastonbury. Geläufig wurde die Bezeichnung als Herzogin von Kendal. 1722 bekam Melusine auf Vorschlag Georgs I. von Kaiser Karl VI. die Würde einer Reichsfürstin von Eberstein verliehen und durfte fortan ein eigens für sie entworfenes Wappen führen. Zusammen mit Georg lebte sie im St. James's Palace, der damals die offizielle Londoner Residenz des britischen Monarchen war. Als Partnerin des Königs verfügte sie über einen enormen politischen Einfluss. Nachdem am 13. November 1726 Sophie Dorothea, Georgs geschiedene Ehefrau, nach 32jähriger Verbannung in Schloss Ahlden bei Celle gestorben war, sah der König nunmehr die Gelegenheit gekommen, Melusine zu ehelichen. Georg I. starb am 11.6.1727 infolge eines Schlaganfalls. Sein Sohn, Georg II. von Großbritannien, verschaffte der Witwe Melusine ein angenehmes Leben in Großbritannien. Auf ihren Besitzungen verlebte die einstige Mätresse ihre letzten Jahre in Zurückgezogenheit und starb 1743 im Alter von 76 Jahren 1743.[16]

Ehrengard Melusine (1667-1743)
Gräfin von der Schulenburg;
Ölbild um 1720

Sophie Charlotte von Hannover

Sophie Charlotte kam am 30. Oktober 1668 als Tochte Sophies von der Pfalz und des Herzogs Ernst August zur Welt. Sie war die einzige Schwester Georg Ludwigs. Sophie hatte ihrem Mann Ernst August schon drei Jungen geboren, denen später noch drei weitere folgen sollten. Die Kleine erhielt die Vornamen Sophie Charlotte und bezeichnete sich selbst, als sie noch nicht einmal richtig sprechen konnte, als »Figuelotte« – ein Spitzname, der innerhalb der Familie lange an ihr hängenbleiben sollte. Sophie war sehr stolz auf ihre Tochter, da diese nicht nur sehr hübsch war, sondern bereits als Kind eine hohe Intelligenz und vielfache Begabungen erkennen ließ. Sophie Charlotte wurde lutherisch getauft, doch religiös liberal aufgezogen. Man wollte sie im Hinblick auf eine spätere Heirat, ob katholisch oder protestantisch, nicht allzu früh stark prägen. Sie sprach Italienisch, Französisch, Englisch, lernte es, auf dem Cello und dem Cemballo zu spielen, und pflegte später an ihrem Hof die italienische Oper. Mit Leibniz war sie sehr gut befreundet, korrespondierte ausführlich mit ihm und unterhielt einen Musenhof. Auf beider Initiative hin wurde am 11. Juli 1700 in Berlin die Akademie der Wissenschaften gegründet.

Herzogin Sophie (1630-1714) mit ihrer einzigen Tochter Sophie Charlotte (1668-1705); Ölbild von Luise Hollandine, um 1679

Nachdem Herzog Ernst August Fürstbischof von Osnabrück geworden war, zog die Familie von Iburg auf das Schloss Osnabrück. Später wurde Ernst August regierender Herzog des Fürstentums Calenberg, aus dem 1692 das Kurfürstentum Hannover hervorging. Dort kümmerte sich ihre Mutter Sophie um Pflege und Ausbau der großen barocken Gartenanlage in Herrenhausen im Nordwesten von Hannover.

Das junge Mädchen sollte bald verheiratet werden. Friedrich Wilhelm von Brandenburg, der Große Kurfürst, suchte nach einer Gemahlin für seinen Sohn und wurde dabei auf die sechszehnjährige Sophie Charlotte aufmerksam. Der Mann, an dessen Seite Sophie Charlotte ihr weiteres Leben verbringen sollte, stellte einen denkbar großen Gegensatz zu ihr dar. Prinz Friedrich, der als erster König in Preußen in die Geschichte eingehen sollte, war als Sohn des Großen Kurfürsten und dessen Gemahlin Luise Henriette von Oranien 1657 in Königsberg zur Welt gekommen. Friedrich war von zierlicher Statur, schwacher Gesundheit und außerdem noch durch eine verkrüppelte Schulter und ein verkrümmtes Rückgrat behindert.

Die dynastische Verbindung der Welfen mit dem aufstrebenden Haus Brandenburg, so erklärte man es der jungen Sophie Charlotte aus Hannover, sei für sie verpflichtend, und sie habe sich dieser Pflicht zu beugen. Am 8. Oktober 1684 heiratete das ungleiche Paar im Schloss Herrenhausen bei Hannover. Die Welfen nutzten die Gelegenheit, Eindruck zu machen, und feierten die Hochzeit mehrere Tage lang. Es gab Theatervorstellungen, Ballettaufführungen, Tanzvergnügungen und großartige Feuerwerke. Im weiteren Verlauf der Ehe legte König Friedrich I. vor allem Wert auf standesgemäße Repräsentation und strikte Befolgung der steifen Hofetikette, während Sophie Charlotte ein tiefes Interesse an Philosophie, Wissenschaft und den schönen Künsten hegte.

Uns ist heute noch das Charlottenburger Schloss bekannt, dessen Name auf die erste preußische Königin zurückgeht.

Von den Kindern aus Sophie Charlottes Ehe mit König Friedrich überlebte nur ein Sohn, Friedrich Wilhelm I., der als Soldatenkönig in die Geschichte eingehen sollte. Sophie Charlotte kümmerte sich um die Festigung der welfisch-brandenburgischen Beziehungen, so wie dies bereits ihre Mutter getan hatte. Ihr Sohn Friedrich Wilhelm ehelichte seine Cousine Sophie Dorothea die Jüngere aus Hannover, die einzige Tochter der verbannten Prinzessin Sophie Dorothea aus der überaus unglücklichen Eheverbindung mit Kurprinz Georg Ludwig von Hannover. Sophie Charlotte hielt sich aus den Konflikten um die Affäre Königsmarck heraus, obwohl sie bereits im Oktober 1692 ihre Schwägerin Sophie Dorothea in einem Brief von Berlin aus gewarnt hatte, man plane, Königsmarck unter einem Vorwand, der nichts mit ihr zu tun habe, von ihr zu entfernen.[17] Sophie Charlotte starb im Januar 1705 während eines Besuchs in Hannover. Ihr ältester Bruder Georg Ludwig, mit dem sie ein herzliches Verhältnis unterhielt und den einflussreiche Geschichtsschreiber als kalten Fisch aburteilten, war außer sich vor Trauer. Er zog sich für einige Zeit in seine Gemächer zurück.[18]

Sophie Charlotte (1668-1705) von Braunschweig-Lüneburg (Hannover), Königin in Preußen; Ölbild um 1690

Eléonore von dem Knesebeck

Sophie Dorotheas Kammerfrau Eléonore von dem Knesebeck muss, im Unterschied zu den bereits genannten adligen Damen, als Nebenakteurin bezeichnet werden. Sie entstammte einem alten Adelsgeschlecht aus der Altmark, einer historischen Region im Norden des heutigen Landes Sachsen-Anhalt. In einem Brief vom 21. Oktober 1682 schreibt Sophie Dorothea, dass sie ein Stück Celler Heimat mit nach Hannover nehmen wolle, und so bat sie die in Celle tätige Kammerfrau Eléonore von dem Knesebeck, an ihrer Seite zu bleiben.

Eléonore dem Knesebeck stand während der gesamten Dauer der Liebesbeziehung an der Seite von Sophie Dorothea und Philipp Christoph von Königsmarck. Anfangs empfand sie den Grafen allerdings als aufdringlich und herausfordernd und schirmte ihre Herrin zunächst vor ihm ab. Sie wusste, wie gefährlich Unterredungen mit Kavalieren waren, die sich galant der Prinzessin näherten. Königsmarck war in seinem Auftreten allzu forsch, was einer Prinzessin gegenüber ein ungewöhnliches, ja ungebührliches Verhalten darstellte. Diese Reserviertheit setzte die Kammerfrau zu Anfang stets mit Nachdruck ein.

Im Laufe der Zeit entwickelte sich aber ein beiderseitiges Vertrauensverhältnis, und Königsmarck betrachtete die Kammerfrau als seine Freundin,[19] die Streitigkeiten schlichtete[20] und ihn bei Liebeskummer und Eifersucht tröstete.[21] Sie stand nunmehr gewissermaßen im Dienst des Grafen. Er vertraute ihr sogar Geheimnisse an, die nicht an die Prinzessin weitergeleitet werden sollten. Königsmarck befolgte auch Ratschläge der Kammerfrau: »Pour suivre votre conseille [...].«[22]

Elf Tage nach Königmarcks Verschwinden im Juli 1694 wurde die Hofdame von dem Knesebeck verhaftet und in ein finsteres Verließ im Leineschlosschloss eingesperrt. Kurz darauf verbrachte man sie in das Amtshaus nach Springe. Dies war ein Gebäude, in dem Strafgefangene in sicherem Gewahrsam gehalten werden konnten. Eléonore blieb aber unbeugsam und verlangte immer wieder nach der Kurprinzessin Sophie Dorothea, die sie befreien sollte. Dieses Verlangen wurde aber nicht erfüllt. Hofbeamte durchsuchten die Wohnung der Kammerfrau, um verdächtiges Material zu finden. Weitere Zeugen wurden zu dem Schicksal des Grafen Königsmarck verhört. In Gefahr war jeder am Hofe, der Gerüchte aufgriff und weiterverbreitete. So wurde Eléonores Schwester, Frau von Metzsch, des Landes verwiesen, weil sie angeblich am Hof Gerüchte verbreitet hatte. Jegliche Plauderei über Königsmarck wurde unter Strafe gestellt.

Eléonore von dem Knesebeck musste sich einem strengen Verhör unterwerfen. Man wollte von ihr Einzelheiten über das Liebesverhältnis zwischen ihrer Herrin und dem Grafen Königsmarck erfahren. Dabei konfrontierten die höfischen Beamte sie mit einer Verleumdung: Sie selbst, Eléonore von dem Knesebeck, habe die Kurprinzessin zu all deren Torheiten angestiftet. Sie sei es gewesen, die die Prinzessin gegen ihren Gemahl Georg Ludwig aufgestachelt habe. Eléonore wies diese Vorwürfe als bösartige Lüge weit von sich. Die Kammerfrau verstellte sich und tat

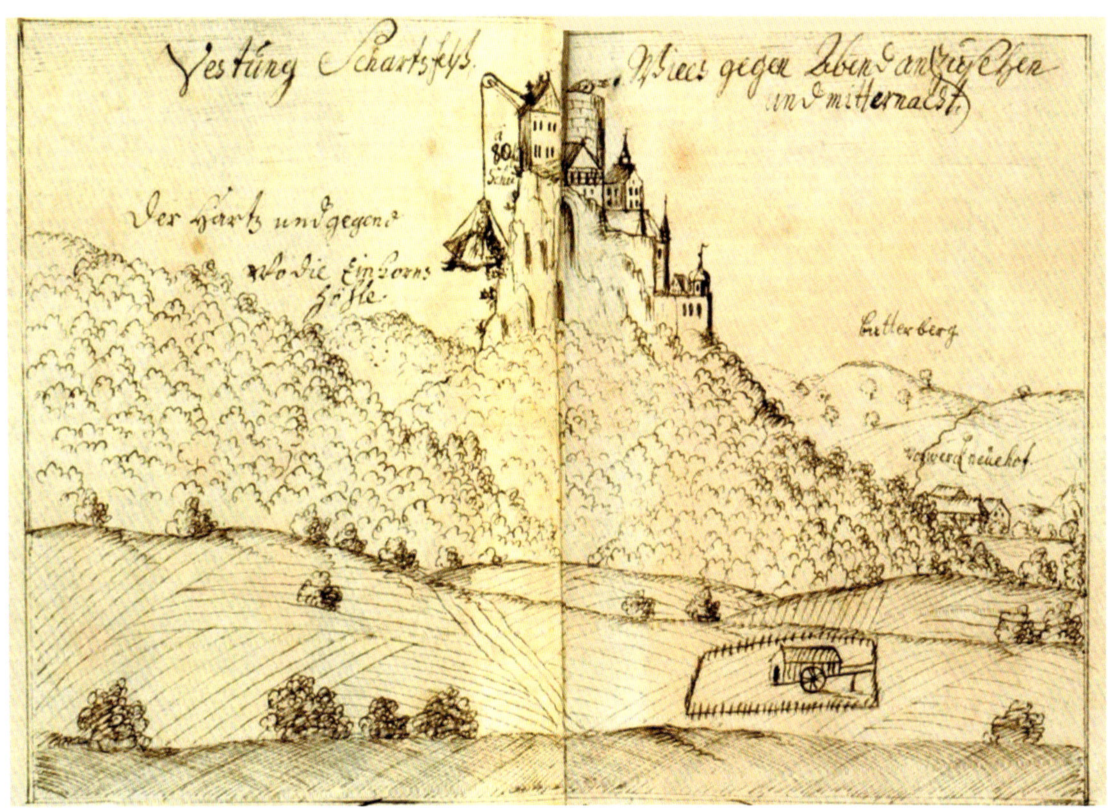

Eléonore von dem Knesebeck während ihrer tollkühnen Flucht aus der Burg Scharzfels am Harz im Jahr 1697; zeitgenössische Tuschzeichnung

völlig unwissend. Sie bestritt auch eine Beteiligung an der Korrespondenz der beiden Liebenden. »Ich war nicht dabei«, und sie sei auch kein postillion d'amour gewesen. Bis zum Jahresbeginn 1695 blieb Eléonore von dem Knesebeck im Amtshaus in Springe in Haft, bis man sie am 31. Januar 1695 auf die Burg Scharzfels am Harz ins Staatsgefängnis überführte.

Am 5. November 1697 verbreitete sich die Nachricht von ihrer tollkühnen Flucht aus dem Staatsgefängnis wie ein Lauffeuer im ganzen Land. Dreh- und Angelpunkt der Geschichte war der Dachdeckermeister Hans Veith Rentsch aus Herzberg. Dieser erkletterte den steilen Burgfelsen, überstieg die Mauer und begab sich auf den Dachboden und durchbrach die Decke an der Stelle, wo Eléonore von dem Knesebeck auf ihn wartete. In seinen Taschen hatte er mehrere Hanfseile mitgebracht, um die Gefangene auf den Dachboden ziehen zu können. Mit ihnen seilte er dann die Kammerfrau 20 Meter tief an der Außenmauer hinab. In dieser dunklen und kalten Nacht wurden sie von niemandem beobachtet. Unten stand ein Reitpferd bereit, mit dem Eléonore von dem Knesebeck auf sicheres Wolfenbütteler Gebiet gelangen konnte.

Als das Wachpersonal am Morgen die Flucht bemerkte, fand man den folgenden Schriftzug an der Wand in ihrer Zelle verewigt:

»Der Kurfürst hat mich hergebracht
durch seine Tyrannei und Macht,
doch Gottes Macht ist größer,
er öffnet Tür und Schlösser.«[23]

In der wiedergewonnenen Freiheit rechnete Eléonore von dem Knesebeck mit dem kurfürstlichen Hof in Hannover ab und berichtete über interne Vorgänge im Leineschloss, die unter die Haut gingen. Diese Angriffe vonseiten einer Hofdame mussten natürlich unterbunden werden. Für deren Ergreifung wurde eine Belohnung in Höhe von 2.000 Talern ausgesetzt. Benachbarte Fürsten verspürten indes wenig Neigung, dem Begehren des hannoverschen Hofes nach Erlass eines Haftbefehls nachzukommen. Man konnte an der Person Eléonores von dem Knesebeck nichts Verwerfliches ausmachen. Versuche, sie auf Reisen einzufangen, schlugen fehl. Wohlbehalten erreichte sie Wien, wo sie vom Kaiser persönlich einen Schutzbrief ausgestellt erhielt. Obwohl Eléonore von dem Knesebeck bei ihrem begüterten Schwager von Veltheim im Halberstädtischen Unterschlupf fand, ging es ihr finanziell nicht gut. Sie bat daher wohl in Celle um Geld und erhielt tatsächlich von der Herzogin Eléonore im Namen von deren Tochter, der verbannten Sophie Dorothea, 1689 einen Betrag von 780 Talern und 1704 einen solchen von 1.200 Talern. Das war nun wahrlich nicht sehr viel, zumal an die zweite Zahlung die Bedingung geknüpft wurde, von nun an nichts weiter zu fordern, welche Bedingung Eléonore von dem Knesebeck tatsächlich auf der Quittung akzeptierte.[24]

Die Familie Königsmarck

Maria Aurora (1662-1728)
Gräfin von Königsmarck
als Pröbstin des Klosters
Quedlinburg im Jagdkostüm;
Ölbild um 1705

Die Königsmarcks sind ein altes märkisches Adelsgeschlecht. Aus der Ehe Konrad Christophs und Maria Christinas, geborener von Wrangel, gingen vier Kinder hervor: Karl Johann (1659-1686), Maria Aurora (1662-1728), Amalie Wilhelmine (1663-1740) und Philipp Christoph (1665-1694). Die Familie verfügte in Schweden, Bremen-Verden, Pommern und Estland über großen Domänenbesitz. Allerdings war dieser Reichtum nicht von Dauer, weil der schwedische Hof nach und nach alte Lehen wieder einforderte. Das Schwinden des Grundbesitzes ermöglichte Philipp Christoph und seinem älteren Bruder Karl Johann nur noch eine Ausbildung zum Hofkavalier oder das Einschlagen einer Offizierslaufbahn.

Als Pfalzgraf Karl im Jahre 1680 der Universität Oxford einen Besuch abzustatten gedachte, verschaffte die Mutter beiden Söhnen die Möglichkeit, den Fürsten zu begleiten. In England angekommen, bereisten beide ausgiebig das Land mit seinen Sehenswürdigkeiten. Schließlich fanden sie Aufnahme am Hof König Charles' II. in London. Als galante Kavaliere sowie vorzügliche Reiter und Fechter machten sie sich bald einen Namen und fanden Aufnahme in der Londoner Erziehungsanstalt für junge Edelleute. Obwohl von zuhause nur mit einer bescheidenen Apanage ausgestattet, lebten sie auf großem Fuß. Sie waren wegen Frauengeschichten bekannt und machten dabei Schulden in beträchtlicher Höhe.

Schließlich wurden beide in einen Gesellschaftsskandal verwickelt. Ein reicher jüdischer Gläubiger war ermordet worden, und Karl Johann geriet in den Verdacht, an dem Verbrechen beteiligt gewesen zu sein. Er bestritt jegliche Tatbeteiligung, wurde aber dennoch verhaftet. Obwohl die Mörder gefasst, verurteilt und gehängt wurden, konnte der Verdacht einer Tatbeteiligung Karl Johanns nicht völlig ausgeräumt werden. Das Ansehen der Familie Königsmarck half ihm, aus der gefährlichen Situation hinauszukommen. Er wurde aber unverzüglich des Landes verwiesen und übersiedelte mit mit seinem Bruder Philipp Christoph nach Paris. Beide waren ständig in Geldnot, und die Mutter versorgte ihre beiden Söhne fürsorglich weiterhin mit Beträgen, die aber niemals ausreichten. Philipp Christoph lernte die Tochter des sehr wohlhabenden Grafen von Rantzau kennen und hielt um deren Hand an. Es kam zur Verlobung mit der jungen Frau, die jedoch bereits wenig später verstarb.

Im Jahr 1686 musste Karl Johann im Kampf gegen die Osmanen sein Leben lassen, und Philipp Christoph wurde sein alleiniger Erbe. Als der inzwischen 25jährige in seine Heimat zurückgekehrt war, stand er vor der Entscheidung, sich um die ererbten Familiengüter zu kümmern oder eine militärische Karriere anzustreben. Sein Großvater war während des 30jährigen Krieges in schwedischen Diensten zum Feldmarschall aufgestiegen. Für seine Verdienste als erfolgreicher schwedischer Heerführer war er vom schwedischen König mit erheblichen Besitzungen belehnt worden. Für sich und seine Nachkommen hatte er in der Nähe von Stade – damals schwedisches Territorium – das Schloss Agathenburg erworben und ausbauen lassen.

Philipp Christoph (1665-1694) Graf von Königsmarck; Ölbild um 1690

Philipp Christoph entschloss sich gemäß der Familientradion für den Militärdienst. 1688 trat er als Offizier in die herzoglich-braunschweig-lüneburgische Armee in Hannover ein. Auf seiner Reise nach Hannover bezog er Quartier am Celler Hof. In dem dortigen Schloss hatte er bereits als Jugendlicher zusammen mit seiner Familie die Sommermonate verbringen dürfen. Doch ohne die Anwesenheit Sophie Dorotheas empfand er das Celler Schloss als öde und leer. Enttäuscht verließ er das Schloss und hoffte auf ein Wiedersehen in Hannover, wo er im Dienst des zukünftigen Kurfürsten Ernst August als Oberst der Leibgarde eine Anstellung fand.

Ungeachtet seines gräflichen Standes galt es als geradezu vermessen, dass Philipp Christoph wieder Kontakt mit der Prinzessin aufnahm. Beide trennten jetzt doch Welten, denn Sophie Dorothea war seit 1682 mit dem Erbprinzen Georg Ludwig von Hannover verheiratet. Die dadurch bewirkte Entfremdung schmerzte Philipp Christoph. Nachrichten von drohender Kriegsgefahr veranlassten den jungen Offizier, in den Kampf gegen das Osmanenreich zu ziehen. Mustafa, der ehrgeizige Großwesir, war nach der Eroberung des Balkans entschlossen, nunmehr auch Wien zu belagern und einzunehmen. Um dieser Bedrohung Einhalt zu gebieten, mussten im gesamten Reich Truppen mobilisiert werden. Auch der zukünftige Kurfürst Ernst August war dem Kaiser gegenüber zu militärischem Beistand verpflichtet und stellte ihm ein schlagfertiges Kontingent zur Verfügung.

König Ludwig XIV. von Frankreich (1638-1715), Frankreichs Vormachtstellung in Europa prägte das 17. und das 18. Jahrhundert; Ölbild um 1700

Inzwischen zogen französische Heere brandschatzend durch Deutschland. König Ludwig XIV. von Frankreich war ein besessener Kriegsabenteurer. Er betrachtete die Eroberung fremder Länder als »würdigste und angenehmste Beschäftigung eines Herrschers«. Insbesondere die von ihm erzwungene Abtretung des zum Reich gehörenden Elsass sollte die Jahrhunderte andauernde sogenannte Erbfeindschaft zwischen Frankreich und Deutschland begründen.

Da Kaiser Leopold I. gegen die Osmanen im Osten des Reiches ein riesiges Heer benötigte, überfiel der französische König die dadurch entblößte westliche Flanke des Reichs. Der Kaiser konnte aber mit Unterstützung aus Hannover, Brandenburg, Sachsen und Hessen-Kassel eine starke Gegenwehr von 22.000 Mann aufstellen. Nach der Teilnahme an erfolgreich verlaufenen Feldzügen gegen die Osmanen im Osten sowie gegen die französischen Truppen in Mainz und in Flandern kehrte Graf Königsmarck aus dem Krieg verwundet und als gefeierter Kriegsheld zurück. Von den Damen am Hofe wurde er umschwärmt, und als faszinierender Hofkavalier war er auch keinem Liebesabenteuer abgeneigt.

In Hannover mietete Königsmarck in der Osterstraße ein geräumiges Haus mit insgesamt 14 Zimmern. 29 Beschäftigte kümmerten sich um sein Wohlbefinden. Pferde standen ihm in großer Zahl zur Verfügung. Sein Soldatensalär war zwar nicht üppig, aber aus den seiner Familie verbliebenen Domänen flossen ihm beträchtliche Einnahmen zu, von denen er jährlich gewissenhaft 4.600 Taler an seine beiden Schwestern Maria Aurora und Amalie Wilhelmine abführte. Zum Verhängnis wurde ihm aber die Spielleidenschaft, denn seine Spielschulden eskalierten. Als Mann von Welt, als angesehener Kriegsheld bemühte er sich aber gar nicht darum, sich aus dieser misslichen Lage zu befreien und für die Ordnung seiner Finanzen zu sorgen.

Philipp Christoph hatte die Kindheit zusammen mit seinen beiden Schwestern Maria Aurora und Amalie Wilhelmine vorwiegend auf dem Schloss Agathenburg verbracht. Nach dem Tode ihrer Mutter 1691 lebten beide Schwestern lange Zeit in Hamburg. Als ihr Bruder 1694 nach dem Besuch im Leineschloss zu Hannover nicht mehr auffindbar war, reiste Maria Aurora tief besorgt nach Dresden. August der Starke, der zugleich König von Polen war, würde ihr bei der Suche nach dem Bruder sicherlich Unterstützung leisten; denn dieser war sein Kampfgefährte gewesen, und der sächsische Kurfürst hatte ihn bereits als General-Major in seine Dienste übernommen. Augusts Bemühungen blieben jedoch erfolglos, da der Hof in Hannover abwiegelte. Dort behauptete man, über den Aufenthalt Königsmarcks keine Auskunft geben zu können. Sehr enttäuscht musste August Maria Aurora mitteilen, in Hannover nichts über den Verbleib ihres Bruders herausgefunden zu haben. Er war indessen von der vielseitig gebildeten Maria Aurora so fasziniert, dass er sie zu seiner offiziellen Mätresse erhob. Aus dieser Verbindung ging dann ein Sohn hervor, der später als Moritz von Sachsen Karriere machen sollte. Voltaire bezeichnete Maria Aurora als die »interessanteste Frau zweier Jahrhunderte«. Ihr Leben als Mätresse am Hof in Dresden war allerdings nur von kurzer Dauer. Um eine bittere Erfahrung reicher, zog sie sich in die Abtei Quedlinburgs zurück und stürzte sich in die Schriftstellerei. Sie war musikalisch sehr begabt und eine virtuose Instrumentalistin. Zahlreiche Operntexte entflossen ihrer Feder.

Pascha Ochuis,
die Osmanen bedrohten Europa
bis zum Ende des 17. Jahrhunderts;
Ölbild von G. Kneller, um 1700

Der Briefwechsel Königsmarck / Sophie Dorothea

Glücklicherweise haben sich 73 Briefe von Sophie Dorothea und 209 Briefe von Königsmarck über die Zeit erhalten. Diese Briefe umfassen einen Zeitraum von etwa drei Jahren. Der erste bekannte Brief ist auf den 1. Juli 1690 datiert, und das letzte datierte Schreiben stammt von November 1693. Die Briefe enthalten wichtige Informationen vor allem über die die Briefpartner umgebenden Personen des Hofes in Hannover und deren Machtverhältnisse. Sie offenbaren die ganze Not der Liebenden: Zeiten der Trennung, unerfüllte Sehnsüchte, gegenseitige Eifersucht und auch Ängste. Im Oktober 1693 schreibt Königsmarck voller Sorge: »[...] Ohne Beistand des Himmels werden wir beide niemals zusammen glücklich sein [...]«.[25]

Die Briefe sind nicht namentlich unterzeichnet, wurden in Zahlenchiffren codiert und sind bis auf zwei Ausnahmen nicht vollständig datiert. Über 100 Briefe sind ohne jegliche Datierung. Zu groß war die Angst vor Enttarnung. Die Briefschreiber bedienten sich der französischen Sprache. Von zwei Briefen gibt es deutsche Abschriften, die Sophie Dorothea entweder empfangen oder selbst angefertigt hat. Von Königsmarck liegt ein an Eléonore von dem Knesebeck gerichteter Brief in deutscher Sprache vor. Außerdem finden sich in den Briefen immer wieder deutschsprachige Einschübe. Der Historiker und Archivar Georg Schnath hat die Korrespondenz der Prinzessin Sophie Dorothea von Hannover mit dem Grafen Philipp Christoph Königsmarck einer grundlegenden wissenschaftlichen Bearbeitung unterzogen. Früher erschienene Ausgaben und Bearbeitungen werden von seinen Arbeiten weit übertroffen. Hilfreich ist insbesondere, dass Georg Schnath eine chronologische Anordnung der Briefe erarbeitet hat.[26]

Dieser chronologischen Einordnung folge ich und habe den Briefen einige wenige Auszüge entnommen, die es dem Leser ermöglichen sollen, sich eine hinreichend genaue Vorstellung von dem Liebesverhältnis zwischen der Prinzessin und dem Grafen zu bilden, einer Beziehung, die damals in ganz Europa die Gemüter erregte.

Am 11. Juli 1694 fand das letzte Rendezvous der Liebenden statt. Königsmarck, der an diesem Tag das Leineschloss in legerer Kleidung betreten hatte, wurde seitdem vermisst. Der Hof in Hannover schwieg sich aus. Die Nachricht von dem rätselhaften Verschwinden des Grafen Königsmarck erreichte auch das benachbarte

Ausland. Die Residenzen in Celle und in Wolfenbüttel wurden nach seinem Verbleib befragt. Es konnten aber nur Vermutungen angestellt werden. Aus diplomatischen Kreisen kam die Mitteilung, dass wohl eine Hofdame in die Affäre verwickelt sei. Königsmarck sei in flagranti erwischt worden, und ein italienischer Hofangestellter habe ihn »fertig gemacht«.

Im Leineschloss zu Hannover blieb man indessen nicht untätig. In der Wohnung der Kurprinzessin begann eine fieberhafte Suche nach verdächtigen Dokumenten. In einem gewaltsam geöffneten Schrank fand man ein Bündel Briefe. Aufgrund der abgefangenen Briefe war man nun in der Lage, sich ein Bild von der Situation zu machen, die mehr war als nur ein bloßes Liebesabenteuer. Vielmehr war es eine »Liebesaffäre« mit allen Höhen und Tiefen, mit Eifersüchteleien und bitteren Enttäuschungen.

Was dem hannoverschen Hof nicht bekannt war: Königsmarcks Sekretär Hildebrandt wusste um die Bedeutung des Briefwechsels und ließ das Kästchen mit den gesammelten Briefen seines Dienstherren in Sicherheit bringen, bevor angeordnet werden konnte, dass die Wohnung in der Osterstraße durch kurfürstliche Hofangestellte versiegelt werden sollte.

Nahe Angehörige, die den Nachlass des Vermissten sichern wollten, wie Maria Aurora und der Ehemann ihrer Schwester, Graf Lewenhaupt, entsandten einen Bevollmächtigten nach Hannover. Daher entschloss sich die Hofverwaltung, die Wohnung Königsmarcks zu entsiegeln. Es begann eine intensive Durchsuchung aller Räume, und jedes Schriftstück und das gesamte Bargeld wurden konfisziert.

Georg Schnath (1898-1989); Fotografie von 1968

Königsmarck erscheint in dem Briefwechsel nicht als der bekannte Frauenheld. Wir begegnen hier einem Mann, der in Sophie Dorothea unsterblich verliebt war. Er war bereit, sein Leben für ihre Zuneigung aufs Spiel zu setzen, obwohl Sophie Dorothea ihre kokette Lebensart niemals abstreifte. In dem Briefwechsel wird dennoch das Bemühen der Kurprinzessin sichtbar, aus der verhassten Ehe mit Georg Ludwig auszubrechen, um sich für immer mit Königsmarck zu verbinden.

Der kurfürstliche Hof versuchte in der Öffentlichkeit sehr bald den Eindruck entstehen zu lassen, der Briefwechsel sei eine Fälschung. Erleichtert wurde dieses Vorhaben dadurch, dass die Briefe nicht namentlich unterzeichnet und nur unzureichend datiert waren. Um die Herkunft und die Zuordnung der Briefe zu verschleiern, hatten sich Königsmarck und Sophie Dorothea darauf verständigt, mit

Decknamen und Namensverkleidungen zu arbeiten. Sie verwendeten ein Chiffriersystem, bei dem die Buchstaben des Alphabets schlicht durch Zahlen ersetzt wurden. Auch Personen wurden absprachegemäß mit Zahlen und fremden Namen codiert. »Je tiefer ich in den Briefwechsel eingedrungen bin«, schreibt der Historiker und Archivar Georg Schnath, »umso weniger begreife ich, dass ernsthafte Forscher Bedenken an einer Echtheit äußern könnten, nur weil sein Inhalt üblichen Korrespondenzgewohnheiten nicht mehr entsprach. Auch die Handschrift der Briefe entsprach nicht dem Schwung offizieller Staatsschreiben. Alles dazu Nötige habe ich in meinem Aufsatz ›Der Königsmarck-Briefwechsel eine Fälschung?‹ gesagt.«[27] Schnaths Ergebnis hat übrigens auch Cläre Pertz unter Angabe ihrer graphologischen Bedenken alsbald öffentlich anerkannt.[28]

Von 1694 an hielt der hannoversche Hof dicht und bestritt jegliche Beteiligung an Königsmarcks Verschwinden. Die Geschehnisse um den Grafen erfuhren später auch deshalb kaum Aufklärung, weil Georg Ludwig, der 1714 als Georg I. den englischen Thron bestiegen hatte, schlicht erklärte, er sei Witwer. Der Name seiner Gemahlin Sophie Dorothea kam ihm nie wieder über seine Lippen. Sie und die Tragödie schienen wie ausgelöscht.

Ich habe im folgenden einige wenige Zitate aus den von Georg Schnath 1952 veröffentlichten geheimen Briefen ausgewählt. Zunächst geht aus diesen Zitaten hervor, dass sich Königsmarck erst 1691 während der Osmanenkriege von einer Malariakrankheit hatte erholen können. In einem ihrer ersten Briefe äußert Sophie Dorothea in eben diesem Jahr den verheißungsvollen Satz: »ich bin ihre sehr gehorsame Dienerin«, und Königsmarck antwortet: »ich bin dein sehr gehorsamer Diener.«

Um die geliebte Sophie Dorothea wiedersehen zu können, weigerte sich Königsmarck monatelang, wieder ins Feld zu ziehen. Erst 1692 war er wieder bei der Truppe. Seine ursprüngliche Begeisterung für den Militärdienst war indes inzwischen verflogen. Es bemächtigten sich seiner »Ängste«, er könne an der Front »wie sein Bruder zu Tode kommen« und seine »heißgeliebte« Sophie Dorothea nie wieder sehen. Im Hauptquartier wartete er längere Zeit auf Post von der Prinzessin. Endlich erreichte ihn ein Brief der Geliebten, der über Antwerpen an ihn gesandt worden war.

Königsmarck hoffte auf ein Ende des Feldzuges in Flandern. Er fühlte sich kränklich und war wohl auch körperlich in einem beklagenswerten Zustand. Er kam nicht einmal dazu, auf Briefe von Sophie Dorothea zu antworten, da seine Truppen,

Brief Königsmarcks (Nr. 206), (Auszug) mit Chiffren und Geheimtext von 1693 die bis zu der Stadt Enghien vorgedrungen waren, französische Einheiten anzugreifen hatten. Enghien liegt in der Provinz Hennegau, nahe der Grenze zu Flandern, etwa 25 km südwestlich von Brüssel. Seine Truppe kam unter schweren französischen Beschuss, und Königsmarck erhielt den Befehl zum Kampf um Charleroy südlich von Brüssel. Er war bereit, den Tod zu finden, doch wie ein Wunder blieb er unverletzt. Ende des Jahres 1692 wurde Königsmarck der Befehl erteilt, sich zu seinem Regiment nach Hannover zu begeben. Es wurde eine Rückkehr voller Hoffnung. Jedoch war der Graf von dem Wiedersehen tief enttäuscht. Sophie Dorothea würdigte ihn bei einem offiziellen Empfang keines Blickes. Finstere Verdachtsmomente nagten an seiner Seele. Hatte die Prinzessin etwa nur Theater gespielt? Ein Brief vom Januar 1693 brachte ihm Trost. »Es waren alles nur Missverständnisse«. Jetzt geschah es auch zum ersten Mal, dass Königsmarck von Beobachtern heimlich gewarnt wurde, seine Beziehungen zu der Prinzessin könnten entdeckt werden.

Nunmehr wurde dem Offizier wieder die Rückkehr zu seinem Regiment befohlen. Seine Dragoner hielten sich in Northeim bei Göttingen auf. Doch dann kam die erlösende Nachricht. Der Graf bekam überraschend Urlaub und durfte nach Hannover reisen. Ein Treffen mit der geliebten Sophie Dorothea kam jedoch nicht zustande. Sie wollten unbedingt zueinander finden, wussten aber um die Gefährlichkeit einer solchen Unternehmung. Endlich erhielt er einen Brief von seiner Geliebten, in dem es heißt, er könne 24 Stunden lang, ohne jegliche Gefahr bei ihr bleiben. Sophie Dorothea wollte von nun an nur noch für Königsmarck leben. Er war von allen seelischen Qualen befreit, und sein Schmerz war verflogen. Voller Enthusiasmus antwortete er ihr wenige Tage später in vollem Glücksgefühl: »Ich bin im größten Arm der Welt.«

Im selben Jahr erhielt Königsmarck wiederum einen Marschbefehl, und er übernahm ein Kommando über 1000 Mann Dragoner. Während die Infanterie aufbrach, blieb Königsmarck mit seinem Regiment erst noch in der Nähe von Hannover. Ende August marschierte die Truppe in Richtung Elbe los. Königsmarck saß ununterbrochen im Sattel und hatte in den letzten 40 Stunden kaum geschlafen. Quartier bezog die Truppe an der Elbe in Artlenburg im heutigen Landkreis Lüneburg. Der Mangel an Offizieren ließ Königsmarck kaum zur Ruhe kommen, er wurde überall gebraucht. Trost fand er nur, wenn er »zärtliche Briefe« von Sophie Dorothea in Empfang nehmen durfte.

Sophie Dorothea versicherte Königsmarck in ihren weiteren Briefen, ihn auch »ohne Arm und Bein zu lieben.« Ihr sehnlichster Wunsch sei es, mit ihm »verbunden zu bleiben« und sich »gemeinsam zurückziehen zu können.« Um diese Zeit erfuhr Königsmarck, dass Generalmajor Hermann Philipp von Ohr zum Generalleutnant und Brigadier Arnold von Vogt zum Generalmajor befördert worden waren. Er selbst ging leer aus. Aus Ärger wollte er seinen Abschied nehmen, in der Hoffnung, bei seiner geliebten Sophie Dorothea bleiben zu können.

Königsmarck befehligte den rechten Flügel des hannoverschen Regiments. Die gesamte Truppe erkrankte an Fieber, doch erstaunlicherweise blieb Königsmarck in der »verpesteten Luft« gesund. Das Fieber grassierte immer stärker, und »mehr als 300 Dragoner und Infanteristen waren todkrank.« Königsmarck fand in diesen Tagen für Sophie Dorothea schwärmerische Worte. Er werde »sie auch noch lieben, wenn sie 80 Jahre alt ist«, und er wolle ihre »Augen wieder sehen«, die ihm so oft »ihre Freude zeigen.«

Die Dänen hatten zwar Ratzeburg bombardiert, überschritten aber nicht die Elbe. Daher kam im Oktober 1693 die erlösende Nachricht: »Waffenstillstand«. Doch Königsmarck musste mit seiner Truppe auf dem Posten bleiben, bis die Dänen Ratzeburg vollständig geräumt hatten. Er reichte ein Urlaubsgesuch ein, um »unerkannt in der Dunkelheit das Leineschloss betreten zu können«, doch das Vorhaben misslang, denn Sophie Dorothea plagten »Unterleibsschmerzen«. Ende November 1693 endete der Briefwechsel von Prinzessin Sophie Dorothea mit dem Grafen Philipp Christoph von Königsmarck.

Die Mordnacht von Robert Folkstone Williams

Als Königsmarck seine Wohnung verließ, hatte er, wie schon in den vergangenen Wochen, das Gefühl, beobachtet zu werden. Nicht aus dem Sinn kam ihm die Gräfin von Platen, die Übermächtige hatte überall ihre Spitzel. Im Straßenbild fiel ihm jedoch nichts auf. Er hatte eine leichte Bekleidung angelegt und war unbewaffnet. Er hatte Grund, sich unbeschwert und locker auf den Weg zu machen, denn er konnte damit rechnen, bald als Generalmajor in den kursächsischen Militärdienst berufen zu werden Von der Schlosswache wurde ihm mit militärischem Gruß Einlass in das Leineschloss gewährt. Über einen verschlungenen Weg gelangte er in den Wohntrakt der Kurprinzessin. Dort wartete die Kammerfrau von dem Knesebeck mit einer Kerze, dem Signal, dass die Luft rein sei. Königsmarck war in freudiger Stimmung. Er würde Sophie Dorothea wieder in die Arme nehmen und sie liebkosen. Am Ende plagten beide jedoch schwere Angstgefühle: Wie sollte es mit ihnen nun weiter gehen? Sollten sie wirklich eine Flucht planen? Beide versicherten einander, sie würden zusammenbleiben, was auch immer geschehen möge.

Doch schon bald wurde Königsmarck als vermisst gemeldet. Er war verschwunden und tauchte nicht wieder auf. Seine Dienerschaft schöpfte zunächst keinerlei Verdacht. Zu oft schon war ihr Herr zu früher Stunde aufgebrochen, ohne irgendwelche Nachricht zu hinterlassen. Besorgt waren allerdings seine Offizierskameraden und fragten beim Hofe nach: Königsmarck ist nicht zum Dienst erschienen, wir bitten um Aufklärung. Doch bald verstärkte sich der Eindruck, dass von höchster Stelle eine Aufklärung nicht gestattet werde. Tatsächlich blieben die Geschehnisse vom 11. auf den 12. Juli 1694 im Dunkeln.

Drei Jahrhunderte blieben die Geschehnisse im Ungefähren, zumal die überaus große Fülle von Hinweisen und Zeugnissen nicht in einem systematischen Kontext zugänglich waren. Eine Rekonstruktion der Geschehnisse in der fraglichen Nacht, geschweige denn eine historisch-juristische Aufklärung schienen unmöglich.

Erst ein im Jahre 1925 in den Hannoverschen Geschichtsblättern erschienener Aufsatz von Robert Geerds und dann das 1952 veröffentlichte Werk des Archivars und Historikers Georg Schnath sorgten für dokumentierte Geschichtsschreibung und damit für Aufklärung. In seinem Aufsatz bezog sich Schnath auch auf Briefe des dänischen Geschäftsträgers in Wolfenbüttel, Otto Menckens.[29] Dieser kannte die Verhältnisse an den welfischen Höfen sehr gut. Er war dort seit 1684 für das Königreich Dänemark tätig, zunächst in Celle und ab 1692 dann in Wolfenbüttel bei Herzog Anton Ulrich. Was Anton Ulrich über seine Spione in Hannover erfuhr, das erfuhr auch Mencken, und er übermittelte seine Informationen zum Fall Königsmarck nach Dänemark. Der dänische Hof war, ebenso wie Herzog Anton Ulrich, daran interessiert, das Machtstreben des neuen Kurfürstentums Hannover zu beobachten.

Im Auftrag des Hofes in Hannover hatten nach Schnaths Recherchen, so wie es auch Mencken in seinen Briefen nach Dänemark berichtete, vier bewaffnete Männer Königsmarck aufgelauert, um ihm einen Denkzettel zu verpassen. Es kam zu einem Handgemenge, bei dem es Königsmarck nicht gelang, sich loszureißen. Einer der Täter versetzte ihm eine lebensgefährliche Wunde. Man schleppte den Grafen in ein Nebengemach, wo er seinen Verletzungen erlag. Schnath hatte auch die Täter ermitteln können. Es handelte sich nach seiner Einschätzung um die vier Hofkavaliere Wilken von Klencke (Oberkammerherr), Philipp Adam Freiherr von Eltz (Hofbeamter), Johann Christoph von Stubenvol (Hofjunker) sowie den Italiener Don Nicolò di Montalban (Abt und Hofkavalier). Eben dieser Italiener habe Königsmarck den Todesstoß versetzt. Die auswärtigen diplomatischen Vertreter am hannoverschen Hof hatten tatsächlich den Verdacht geäußert, ein Italiener habe den Grafen Königsmarck »fertiggemacht«. Der Italiener galt somit als der Haupttäter.

Diese Annahme erscheint deshalb als überzeugend, weil Königsmarck oftmals seine Abscheu gegen die italienische Clique am Hof geäußert hatte. Diese Aversion kommt auch in seinem Briefwechsel zum Ausdruck. In den Augen Königsmarcks waren die Italiener »die schwarzen Männer mit Tigerherzen«. Die Identifizierung Montalbans als Täter ist Schnath in überzeugender Weise gelungen, wie folgender Hinweis nahelegt: Der mit einem Jahresgehalt von 200 Talern besoldete Montalban hatte ein überhöhtes Schuldenkonto. Wie aus heiterem Himmel war er bereits Ende des Jahres 1694 in der Lage, als potenter Geldgeber aufzutreten. Er konnte Darlehen in einer Größenordnung gewähren, die das 25-fache seines Jahreseinkommens überstieg. Es handelte sich offensichtlich um Belohnungsgelder des hannoverschen Hofs, verbunden mit der strikten Auflage, dicht zu halten.

Dieses nüchterne, mit professioneller wissenschaftlicher Akribie erzielte Ermittlungsergebnis überzeugt noch mehr, wenn man auf die »Memoiren der Sophie

Dorothea, Gemahlin Georg's I.« zurückgreift, die der englische Schriftsteller Robert Folkestone Williams im Jahre 1847 veröffentlicht hat. Williams standen aus den geheimen Archiven in Hannover, Braunschweig, Berlin und Wien sowie aus dem Tagebuch Sophie Dorotheas hinreichend viele Quellen zur Verfügung. Den Tathergang in der Mordnacht schildert Williams in einem literarischen Dialog zwischen dem Kurfürsten Ernst August und dessen Mätresse, der Gräfin von Platen. Dieser Dialog hat folgenden Wortlaut:

»[...] Hannover 1694

Der Kurfürst Ernst August und Gräfin Platen.

Gräfin Platen: *Es ist unmöglich, die Sache anders anzusehen, als daß der eigensinnige und unvorsichtige Königsmarck seine Pflicht vergaß, aber durch Trunkenheit seiner Sinne beraubt war, als er sich erlaubt, an der Tafel des Churfürsten von Sachsen Behauptungen vorzubringen, welche er nie zu begründen vermag.*

Der Kurfürst: *Es wäre in der That ganz unverzeihlich, wenn Königsmarck bei vollen Sinnen war. Glauben Sie aber nicht, daß er völlig berauscht war, wenn er es wagte, wie Sie voraussetzen, über Sie, Ihre Schwester und Fräulein Schulenburg Behauptungen aufzustellen, mit welchen er die Gesellschaft zu unterhalten beabsichtigte?*

Gräfin Platen: *Ich habe heute einen zweiten Brief aus Dresden erhalten, welcher die Sache sogar in einem schlimmeren Lichte darstellt. Es scheint hiernach, daß Königsmarck, nachdem er meine Schwester und Fräulein Schulenburg als Hofintriganten hingestellt hatte, wiederholt die fürchterlichsten Schmähungen über mich ausgoß. Es ist darin auch gesagt, er habe mir die größte Verworfenheit, die schon die beklagenswerthesten Folgen gehabt habe, zum Vorwurfe gemacht, und dies wiederholt bestätigt, unter Anführung noch mancher anderen schändlichen Dinge, die ich hier wohl nicht wiederholen kann.*

Der Kurfürst: *Wenn Königsmarck sich dessen wirklich schuldig gemacht hat, so ist das die größte Rücksichtslosigkeit, die bestraft werden muß.*

Gräfin Platen: *Allerdings kann sein Benehmen, durch welches er meinte, meiner Schwester und des Fräuleins Schulenburg Ehre so freventlich auf das Spiel zu setzten, nicht unbeachtet gelassen werden. Wenn diese Verläumdung unterwiderlegt bliebe, so müßten wir verspottet, zurückgesetzt und mit Verachtung behandelt werden. Doch ist das Betragen Königsmarck insofern noch viel strafbarer, als er dem bereits Gesagten die Behauptung beifügte, daß die Prinzessin unter der Tyrannei eines hartherzigen Gemahls schmachte, der nur am Kriegsleben Vergnügen finde und von dem sie eine so grausame Behandlung erfahren habe, daß sie die Merkmale derselben am Halse ihren Eltern habe zeigen können? Dies kann unmöglich unbestraft bleiben!*

Der Kurfürst: *Hat wohl Königsmarck dies alles gesagt?*

Gräfin Platen: *Er hat es nicht nur gesagt, sondern wiederholt bestätigt und was noch schlimmer ist, seine lasterhafte Zunge hat selbst seines Herrschers und des Kurprinzen nicht geschont, indem er behauptete, daß ich es sei, welche mit Hülfe des Fräuleins Schulenburg alles leite, und daß wir trotz unseres ehrgeizigen, stolzen, übermüthigen und intriganten Benehmens so begünstigt werden, daß selbst die schöne und unschuldige Prinzessin hintangesetzt und auf eine unwürdige Weise behandelt werde.*

Der Kurfürst: *Geben Sie mir diese Briefe, daß ich die Sache selbst untersuchen kann. Er soll, wie schon gesagt, wenn sich die Sache bestätigt, sicherlich die verdiente Strafe erhalten.*

Gräfin Platen: *Wenn er, selbst berauscht, seine Pflicht so weit vergessen konnte, zum Nachteil seines Herrschers zu reden ja sogar solche erniedrigende Aussagen eine erhebliche Zeit hindurch fortzusetzen, so erscheint dies unzweifelhaft als ein Hochverath, als ein Verbrechen, das nur mit Blut gesühnt werden kann.*

Der Kurfürst: *Mag die Verfehlung Königsmarck auch noch so strafbar sein, so muß noch vor allem die erforderliche Untersuchung vorausgehen. Es ist völlig unstatthaft, ihn nur auf die von Ihnen erhaltene Mittheilung hin in Untersuchung zu ziehen, welche nur auf den Brief eines Individiums sich gründet, das sich genötigt sah. Den Hof von Celle meiner Schwiegertochter wegen zu verlassen, und dessen daß nun gegen sie und Königsmarck gerichtet ist. Dazu werden bessere Zeugnisse und eine viel genauere Auskunft erfordert. Platen hat zu dem Zweck einen Brief abgeben lassen, und es muß nun Alles beruhen bleiben, bis die Antwort da ist.*

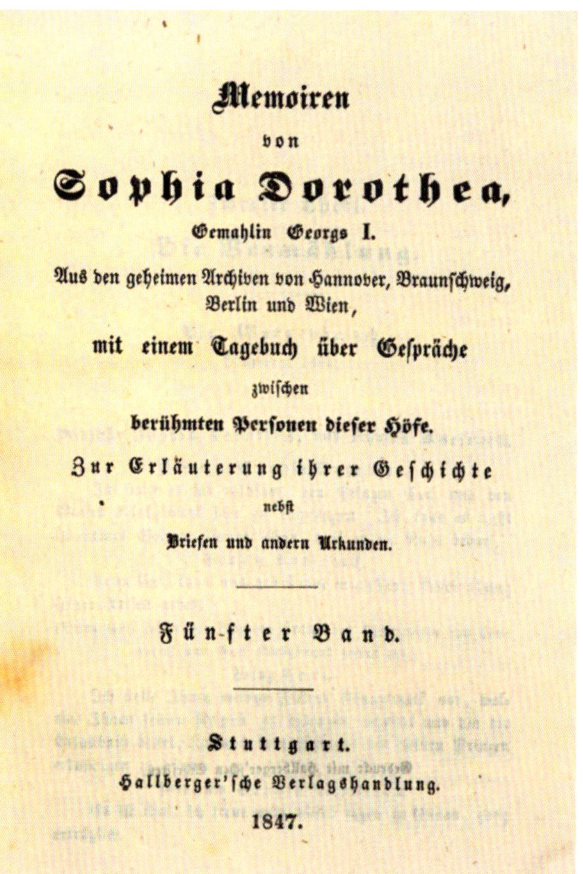

Memoiren

von

Sophia Dorothea,

Gemahlin Georgs I.

Aus den geheimen Archiven von Hannover, Braunschweig, Berlin und Wien,

mit einem Tagebuch über Gespräche

zwischen

berühmten Personen dieser Höfe.

Zur Erläuterung ihrer Geschichte

nebst

Briefen und andern Urkunden.

Fünfter Band.

Stuttgart.

Hallberger'sche Verlagshandlung.

1847.

Titelblatt aus der Publikation von Robert Folkestone Williams; Stuttgart 1847

Gräfin Platen: *Nach meiner Meinung sollte der Inhalt, der an mich gerichteten Briefe, welcher in den hier in Umlauf gekommenen Gerüchten große Unterstützung findet, sein schweres Verbrechen genügend erweisen.*

Der Kurfürst: *Solche Gerüchte erregen nur Verdacht, ich kann sie aber nicht als unumstößliche Beweise betrachten, und ich möchte nicht einen Unschuldigen strafen.*

Gräfin Platen: *So muß ich also, bis diese Beweise hergestellt sind, die Angriffe des Verläumders auf meinen und meiner Schwester guten Ruf stillschweigend ertragen. Ich wäre zufriedener gewesen, wenn Königsmarck vorerst wenigstens seiner Stelle als Oberst der Garde entlassen worden wäre. Wer weiß, ob er nicht mit dem Herzog von Wolfenbüttel im besonderen Einverständniß ist, und welche Geheimnisse dieses enthält.*

Der Kurfürst: *Dies verdient allerdings besondere Aufmerksamkeit, und es soll daher sein ganzes Verhalten strenger überwacht werden.*

Gräfin Platen: *Seitdem mit der Erlaubnis Euer Hoheit der Prinzessin Thun und Treiben strenger beobachtet worden ist, und ich mit ihrem Verfahren bekannt gemacht wurde, drängt sich mir der Gedanke auf, daß ein geheimes Einverständnis zwischen denselben durchaus nicht unmöglich ist, um für den Herzog von Wolfenbüttel, wenn auch nicht alle Lüneburgische Besitzungen, doch einen Theil davon zu erhalten.*

Der Kurfürst: *Eine solche Absicht wäre auf Seiten des Hofes von Wolfenbüttel möglich, dagegen kann ich nicht glauben, daß meine Schwiegertochter gegen das Interesse ihrer Kinder handeln sollte, die sie über alles liebt.*

Gräfin Platen: *Da die Prinzessin übrigens schon durch ihr Betragen gegen ihren Gemahl gezeigt hat, wie rachsüchtig sie handeln kann, so dürfte es keineswegs als unmöglich erscheinen, daß sie, ohne das Interesse für ihre Kinder zu berücksichtigen, durch bloße Rache sich leiten lasse, denn ihre Deftigkeit hat sie, es thut mir leid es sagen zu müssen, durch verschiedene Handlungen schon genügend an den Tag gelegt. Überdies ist es wahrscheinlich, daß Königsmarck nichts unterließ, abermals in eine geheime Unterhandlung mit ihr zu treten, ja ich hoffe bald in den Stand gesetzt zu werden, Euer Hoheit einen schlagbaren Beweis des ungeziemenden Benehmens dieser beiden Personen gegeneinander zu liefern, wodurch ich wenigstens Eure Hoheit überzeugen zu können hoffe, daß ich stets Alles was in meinen Kräften steht, thue, um die Ehre, den Kredit und die Würde meiner erhabenen Herrscherfamilie aufrecht zu erhalten.*

Der Kurfürst: *Ich muß Sie bitten, das, was Sie mir von einem ungeziemenden Betragen meiner Schwiegertochter sagten, um meinen Verdacht gegen sie zu erregen, nicht wieder zu berühren, es wäre denn, daß Sie mir positive Beweise vorlegen könnten, die geeignet wären, mich von der Wahrheit Ihrer Aussagen zu überzeugen. Ich kenne das gegenseitige Benehmen beider so gut, daß ich die Mittheilung, die Sie mir machten, käme sie von anderer Seite, für eine Verläumdung erklären würde. Ich muß der Beschützer meiner Schwiegertochter bleiben, mag sie auch hin und da hastig und heftig sein, so ist sie doch liebenswürdig, gutmüthig und edeldenkend, und steht bei mir in hoher Achtung.*

Gräfin Platen: *Ohne Zweifel gelingt es mir bald, meine Meinung zu rechtfertigen.*

Der Kurfürst: *Au revoir. Ich werde jetzt schreiben, woran mich langes Gespräch hinderte.*

Hannover 1694.

Der Kurfürst von Hannover tritt ein.

Der Kurfürst: *Es muss etwas Besonderes vorgefallen sein, weil die Gräfin, nachdem sie mich kaum verlassen, schon wieder um Audienz bittet.*

(Gräfin Platen tritt ein)

Gräfin Platen: *Eure Hoheit werden gnädig verzeihen, daß ich so bald wieder um Gehör bitte; eine Angelegenheit von der größten Wichtigkeit veranlaßt mich dazu. Es betrifft die Ankunft Königsmarcks im Schloss, der geradezu auf das Vorzimmer zuging.*

Der Kurfürst: *Sind Sie sicher, daß er es ist?* (er ruft) *herein!*

(Eine Bediente tritt ein)

Der Kurfürst: *Ist Graf Königsmarck im Palast?*

Der Bediente: *Er soll so eben in das Vorzimmer Ihrer Hoheit der Prinzessin gegangen sein.*

Der Kurfürst: *Schon gut.* (Bediente geht ab) *Wie konnte er dies zu so ungewöhnlicher Stunde thun?*

Gräfin Platen: *Dies beweist, daß der Verdacht, den ich kürzlich ansprach, nicht unbegründet ist.*

Der Kurfürst: *Meine Schwiegertochter ist unschuldig, sie hat Fräulein Knesebeck bei sich.*

Gräfin Platen: *Diese mag sich allerdings im Vorzimmer oder in einem anstoßenden Zimmer befinden.*

Der Kurfürst: *Diese entsetzliche Verläumdung will ich nicht wieder hören; aber Königsmarck soll seine Vermessenheit büßen.*

Gräfin Platen: *Ich verlange nichts, als daß er zum Geständnis der Wahrheit angehalten, und mein Verdacht gerechtfertigt werde; allein dies kann nur erreicht werden, wenn er im Stillen verhaftet und ins geheim befragt wird, ehe er das Schloß verläßt.*

Der Kurfürst: *Er ist Oberst meiner Garden, und als solcher befugt, den Palast zu betreten, so oft es ihm beliebt; und da er die Achtung und Zuneigung seiner Untergebenen besitzt, so ist sicherlich seine Verhaftung nicht leicht möglich, am wenigsten eine geheime.*

Gräfin Platen: *Dessen ungeachtet wird es bald geschehen denn, wenn die Thore des Palastes geschlossen werden. Es sollte daher ohne Verzug angeordnet werden, wenn die Wahrheit an den Tag kommen soll.*

Der Kurfürst: (Ruft) *herein!*

(Bediente tritt ein)

Der Kurfürst: *Alle Thore des Palastes sollen sogleich geschlossen, und alle Schlüssel mir zugebracht werden, beeile Dich.*

(Bediente geht ab)

Gräfin Platen: *Wenn dieser Befehl gehörig vollzogen sein wird, so ist Königsmarck die Flucht durch ein Fenster möglich, dies zu verhindern ist nöthig, daß das Schloß sogleich mit Schildwachen umstellt wird, welche, sollte ein solcher Versuch gewagt werden, Hilfe herbeirufen; überdies sollten zwei Hellebardiere zur Beobachtung der Schildwachen beständig die Runde um den Palast machen.*

Der Kurfürst (geht auf die Thüre zu und ruft): *Gardecapitain!*

Gräfin Platen: *So wird es gelingen.*

(Bediente tritt ein)

Bediente: *Der Capitain der Garde.*

Der Kurfürst: *Laßt ihn eintreten.*

(Bediente geht)

(Der Capitain der Garde tritt ein)

Der Kurfürst: *Ich will, daß zwei Hellebardiere beständig die Runde um das Schloß machen, und dafür sorgen, daß Niemand, wer es auch sei, dieses verlasse, sei es durch ein Thor, durch ein Fenster oder auf irgend einem anderen Wege, ohne festgenommen und mir sogleich vorgeführt werden. Haben Sie mich verstanden. Schnell also, und daß es an der Vollziehung dieses Befehls nicht fehle.*

Der Capitain der Garde: *Sehr Wohl, Euer Hoheit.* (geht ab)

Gräfin Platen: *Damit diese Anordnung so geheim wie möglich und ohne Nennung des Betreffenden vollzogen werde, erlaube ich mir die Bitte, mir drei Trabanten und einen Führer derselben beizugeben, der ihn sodann ohne alles Geräusch verhaften soll.*

Der Kurfürst: *Sie wünschen, wie mir scheint, die oberste Leitung dieser Sache, damit ein so schöner Mann, wie Königsmarck, nicht verletzt werde. Ich hätte nicht geglaubt, daß Sie sich für den Geliebten Ihrer Tochter so muthig zeigten.*

Gräfin Platen: *Es ist dies allerdings für eine Frau eine schwierige Aufgabe, allein es handelt sich hier von dem Interesse meines Herrschers und dies legt mir die Pflicht auf, meinen weiblichen Charakter, so schwer es mir auch fallen mag, zu verläugnen. Ich beabsichtige daher, zur Sicherung pünktlicher Vollziehung des ergangenen Befehls in einem Zimmer zu verweilen, welches an dasjenige anstoßt, durch welches er gehen muß. Nun bitte ich aber, mir die genannten vier Männer sogleich mitzugeben, es möchte sonst zu spät sein.*

(Der Kurfürst ruft an der Türe vier bewaffnete Hellebardiere)

Der Kurfürst: *Sagen Sie mir aber aufrichtig, was Sie zu thun beabsichtigen.*

Gräfin Platen: *Wenn Königsmarck alle Thore des Palastes geschlossen findet, wo wird er, wie gewöhnlich den Weg suchen, auf welchem er unbemerkt kam. Er wird dann durch die Halle welche zur Kirche führt, und von da in den anderen Flügel des Schlosses sich wenden. Ich werde die Bewaffneten hinter dem breiten Kaminvorsprung in der erwähnten Halle aufstellen und in dem nächsten Zimmer oder unter der Thüre desselben bleiben, um Alles zu beobachten und die etwa weiteren nöthigen Anordnungen zu treffen. Wenn er ergriffen sein wird, dann er in dieses Zimmer gebracht werden, wo sodann die Untersuchung stattfinden kann, um ihn zum Bekenntnis seiner Verbrechen zu bringen.*

Der Kurfürst: *Ich zweifle jedoch, daß sich Königsmarck so leicht, als Sie sich vorzustellen scheinen, werde festnehmen lassen.*

Gräfin Platen: *Wenn dies nicht anders geschehen kann, so muss Gewalt angewendet werden, doch denke ich, er wird durch einen so unerwarteten Angriff halb überwältigt sein.*

Der Kurfürst: *Wie aber, wenn er oder einer der Männer sollte verwundet werden? Es sollte die größte Vorsicht angewendet werden, dies zu verhindern.*

Gräfin Platen: *Wenn Königsmarck unschuldig ist, so wird er sich nicht verteidigen und dann ist er bald verhaftet. Verwundungen müssen allerdings vermieden werden; seine Verhaftung aber muß auf jede Gefahr hin stattfinden, denn das Gesetz erlaubt es, die Wahrheit durch alle in ihrer Macht befindlichen Mittel zu erforschen.*

Der Kurfürst: *So mögen Sie denn seine Verhaftung leiten; vergessen Sie aber nicht, daß ich Sie für Alles, was ohne meine Einwilligung geschieht, verantwortlich mache, und daß ich von dem Erfolg sogleich unterrichtet sein will.*

Gräfin Platen: *ich werde, wie immer mein Möglichstes thun, diesen hohen Befehl zu vollziehen.*

Der Kurfürst (ruft): *Sind die Hellebardiere da?*

(Bediente tritt ein)

Bediente: *Sie stehen zu Befehl.*

Der Kurfürst: *Lasse sie hereintreten.*

(Bediente geht ab)

(Vier Hellebardiere treten mit Lanze und Schwert bewaffnet ein)

Der Kurfürst: *Ich mache Euch bei meiner größten Ungnade dafür verantwortlich, die Befehle der Gräfin Platen auf das Genaueste zu befolgen. Wer dies nicht thut, wird streng bestraft werden. Ihr habt die Person zu verhaften und in Sicherheit zu bringen, welche die Gräfin Platen Euch bezeichnen wird.* (tritt ab)

(Die Hellbardiere gehen ab)

Der Kurfürst: *Ich hoffe, daß Alles ohne Störung vollzogen werde.*

Gräfin Platen: *Ich werde das Möglichste thun.* (sie geht ab)

Der Kurfürst: *Wenn Königsmarck wirklich schuldig wäre? – nein, meine Schwiegertochter ist sicherlich unschuldig.*

Der Mord Königsmarck. Hannover 1694
(Gräfin Platen und vier Hellebardiere in der Halle)

Gräfin Platen (an der Tür flehend): *Ihr habt euch alle hinter diesem Kamin und der Thüre aufzustellen, daß Ihr von der Person, welche verhaftet werden soll, nicht bemerkt werden könnt, bis dieselbe von der Galerie des Rittersaales her in der Mitte der Halle angekommen sein wird; zwei von Euch haben ihm den Rückweg abzuschneiden und vier ihn anzugreifen, ihn auf den Boden zu reißen, damit man ihm mit diesem Taschentuch den Mund zustopfen und mit diesem Seile hier die Hände zusammenbinden kann; denn es ist der strenge Befehl des Kurfürsten, daß die Verhaftung so schnell wie möglich und in der größten Stille geschehe. Wer diesen Befehl nicht beachtet, verfällt der Strafe, wer ihn aber pünktlich verfolgt, wird nicht nur von dem Kurfürsten, sondern auch von mir selbst belohnt werden. Sobald ihr Jemand kommen hört, so zeigt es mir sogleich an, indessen laßt euch diese Flasche Punsch schmecken. Gut, ich bin sicher, und doch ergreift mich ein kalter Schauer. Mut. Ich habe neue Hoffnungen zur Rache, Die Süßigkeit dieser Hoffnung stählt meine Nerven. Ach er zögert lange. Er scheint sich gut zu unterhalten, aber wie unerwartet wird das Ende dieses Besuches sein!* (zu den Hellebardieren) *Jetzt! Ja! Es nähert sich jemand. Seid auf der Hut.*

(eine Pause)

Königsmarck (aus der Halle): *Verrat! Verrat!*

Gräfin Platen: *Hindert ihn, das Schwert zu ziehen! Gebraucht Eure Waffen!* (Lärm des Gefechts.) *Seid kühn. Fürchtet nichts. Verteidigt Euch gut. Schlagt ihn. Reißt ihn nieder. Stürzt ihn zu Boden und bindet seine Hände.*

Königsmarck (aus der Halle): *Mordet mich, wenn Ihr wollt, aber verschont die unschuldige Prinzessin!*

Gräfin Platen: *Gebt ihm kein Gehör. Schont ihn nicht. Reißt ihn nieder.*

Königsmarck: *Mordet mich, wenn Ihr wollt, aber verschont die Prinzessin.*

Gräfin Platen: *Je einer von Euch halte seinen Arm, ein Dritter werfe ihn nieder, und der Vierte binde Hände und Füße und stopfe ihm den Mund zu. Bindet die Hände fest. Schont ihn nicht, so, jetzt ist er in unserer Macht.*

Königsmarck: *Schont die unschuldige Prinzessin!*

Gräfin Platen: *Stopfet seinen Mund mit dem Taschentuch zu. Stopfet seinen gottlosen Mund. Bindet ihm die Beine fest und bringt ihn hier herein.*

Der Mord im Leineschloss aus der Publikation von W. H. Wilkins: »The love of an uncrowned Queen«; London 1900

(Vier Hellebardiere bringen Königsmarck schwer verwundet. Sie wollen ihn aufrecht stellen. Er wird ohnmächtig)

Gräfin Platen: *Legt ihn auf den Boden.* (Sie legen ihn nieder) *Thut ihm das Tuch aus dem Mund. Jetzt* (zu Königsmarck) *Verräther, bekenne Deine Schuld und die der Prinzessin.*

Königsmarck (sich aufraffend): *Bist du es, Vatter!*

Gräfin Platen: (ihn unterbrechend): *Bekenne Deine und der Prinzessin Schuld.*

Königsmarck: *Schont die unschuldige Prinzessin!* (wird wieder bewußtlos)

Gräfin Platen (ihm die Wunden verbindend): *Gehe schnell. Hole Essig und Wasser, um ihn aus der Ohnmacht aufzuwecken.* (Trabant geht ab)

Königsmarck (stöhnend): *Du Schreckliche* – (er wird durch die Gräfin unterbrochen, die, wie wenn es durch Zufall geschehe, indem sie seine Wunden mit dem Lichte betrachtete, plötzlich erschrickt, schwankt, einen hellen Schrei ausstößt und auf seinen Mund tritt)

Gräfin Platen (sieht Königsmarck sterben): *Ach, was fehlt Ihnen? Oh, was für ein Unglück! Bemüht Euch, ihn lebend zu erhalten, ich will um Hilfe rufen und zu dem Kurfürsten gehen.* (Gräfin geht ab)

(Die drei Trabanten binden die Wunde an seinem Kopfe zu, ihre Köpfe schütteln)

Erster Trabant: *Er ist todt.*

Zweiter Trabant: *Er ist leblos.*

Dritter Trabant: *Das ist eine schöne Sache. Wir haben doch nur unsere Pflicht erfüllt.*

Erster Trabant: *Ich wünschte, die Gräfin wäre hier, denn wir können ihn nicht mehr zum Leben rufen.*

Zweiter Trabant: *Ich glaube sie kommt.*

(Der Kurfürst von Hannover und Gräfin Platen treten ein)

Der Kurfürst (betrachtet Königsmark): *Vielleicht ist er in Ohnmacht gefallen. Er sieht wie ein Leichnam aus. Ihr seid dafür verantwortlich. Er scheint wirklich tot zu sein. Schüttelt ihn!*

(Trabanten bewegen die Arme und Beine)

Erster Trabant: *Er hat nicht die geringste Empfindung.*

Zweiter Trabant: *Seine Augen sind so stier, wie die eines Leichnams.*

Der Kurfürst: *So ist er also todt, und ihr habt ihn gemordet, obgleich der Befehl nur dahin lautete, ihn gefangen zu nehmen, und in Sicherheit zu bringen.*

Gräfin Platen: *Verzeihen mir, Euer Hoheit. Ich war allerdings beauftragt, ihn nur fest zu nehmen, aber zu gleicher Zeit war es mir erlaubt, wenn es auf seine keine andere Weise gehe, Gewalt zu gebrauchen – weshalb die Hellebardiere auf Befehl bewaffnet kamen. Königsmarck zog sein Schwert, um sich zu vertheidigen, und fuhr wie ein Wütherich auf die Angreifer los, die ich natürlich auch zu dem Gebrauch ihrer Waffen ermutigte, um ihn zu überwältigen. Daher ist es nur seiner Heftigkeit zuzuschreiben, mit der er die Hellebardiere so schonungslos angriff, und zum Kampfe nötigthe. Er wurde zufällig schwerer verwundet als vermuthet wurde. Die Hellebardiere werden dies bekennen müssen.*

Erster Trabant: *Er griff mich so heftig an, daß ich, obgleich nicht in der Absicht ihn zu verwunden, sondern um mich vor seiner Wut zu schützen, mein Schwert gegen ihn hielt. Als er dieses auf die Seite werfen wollte, rammte er mit seinem Kopfe an die Spitze.*

Zweiter Trabant: *Bei dem heftigen Angriff des Grafen Königsmarck wollte ich ihn aufhalten und im Dunkeln glaube ich auch seinen Arm verwundet zu haben.*

Dritter Trabant: *Ich schnitt zugleich den Rückweg des Grafen ab und kann nur die Aussagen der Anderen bestätigen.*

Der Kurfürst: *Ich habe mich nun überzeugt, daß das traurige Ereignis der Heftigkeit Königsmarcks beizumessen ist.*

Gräfin Platen: *Es ist daher nötig, daß die Sache ganz geheim gehalten und ebenso sein Leichnam beerdigt wird. Wenn man ungelöschten Kalk über ihn schüttet, so wird er bald zerstört sein.*

Der Kurfürst: *Nehmet den Leichnam aus diesem Zimmer.*

(Die Trabanten tragen Königsmarck aus dem Zimmer)

Gräfin Platen: *Es wird das Beste sein, diese Handlung so geheim zu halten, daß keinerlei Nachforschung die Wahrheit zu entdecken vermögen, man sollte den Hellebardiere befehlen, die Mitteilung der Sache bei der strengsten Strafe zu unterlassen.*

Der Kurfürst: *Es ist jetzt an der Zeit alles wieder zu ordnen und zu reinigen, daß keine Blutzeichen sichtbar bleiben. Ich hoffe von ihnen bald die volle Rechtfertigung zu hören, sehen sie, ob das Übrige besorgt wird.* (geht ab)

Gräfin Platen: *Ich werde diese Befehle befolgen* (auf die Thüre sehend), *jetzt habe ich meine Rache an ihn gekühlt. Aber um den Leichnam für immer verborgen zu halten, ist es ratsam, ihn in einen Wassergraben zu werfen, wenn er mit dem ungelöschten Kalk überdeckt sein wird.*«[30]

Die Verbannung der Sophie Dorothea

Die Ungewissheit darüber, wo sich Königsmarck aufhalten mochte und wie es um sein Wohl bestellt sei, ließ die Kurprinzessin nicht zur Ruhe kommen. Wir wissen nicht genau, wann und durch wen Sophie Dorothea vermutlich erfahren hat, dass ihr Geliebter ermordet worden sei. Allerdings verfügen wir über einen Hinweis: In der »Historischen Zeitschrift Hannover von 1882« verweist Adolf Köcher auf ein Schreiben vom Juli 1694 aus der Feder der bereits verbannten Kurprinzessin Sophie Dorothea aus Schloss Ahlden. Es ist gerichtet an Albrecht Philipp von dem Bussche. Dieser war Erzieher und Oberhofmeister der Söhne des Kurfürsten Ernst August, Geheimat und Vertrauter der herzoglichen Familie sowie Leiter des Scheidungsverfahrens. In diesem Brief schreibt die Kurprinzessin: »Ich habe darüber nachgedacht, mein Herr, was ich Ihnen erzählt habe. Ich zittere, wenn der G(raf) K(önigsmarck) in den Händen der bewußten Dame (Gräfin Platen) ist, dass es ihm ans Leben geht. Haben Sie die Güte, sich dieser Angelegenheit anzunehmen, und warten wir lieber einige Tage, um völlig von dem Schicksal des armen Grafen unterrichtet zu sein. Ich überlasse jedoch alles Ihrer Klugheit, denn in dem Zustand, worin ich mich befinde, kann ich meinen Verstand nicht zusammennehmen. Sophie Dorothea«[31]

Die Furcht Sophie Dorotheas vor der Gräfin von Platen kann nicht als unbegründet abgetan werden. Königsmarck selbst hatte seine Geliebte schon sehr früh vor dieser Mätresse gewarnt. Dass Sophie Dorothea nun selbst in diesem Sinne an den Oberhofmeister Bussche schrieb, bezeugt, dass sie tatsächlich annahm, es gehe ihrem Geliebten durch die Platen »ans Leben«. Es ist anzunehmen, dass sie auch mit anderen über diesen Verdacht gesprochen hat. Wie Oberhofmeister Bussche auf diesen Brief reagiert hat, wissen wir leider nicht.

Es war ein Beauftragter des Kurfürsten, Graf von Platen, der Sophie Dorothea mitteilte, er, der Kurfürst, sei mit ihrem Vater Herzog Georg Wilhelm übereingekommen, sie vom Leineschloss in das auf Celler Gebiet liegende Schloss Ahlden zu überführen. Dieses Schloss werde für sie als Residenz hergerichtet werden. Ihre Kinder würden allerdings weiter im Leineschloss in Hannover bleiben.

Sophie Dorothea ließ sich die kargen Räume in Ahlden luxuriös ausstatten. Ihr Vermögen gestattete es ihr, die gewohnte höfische Lebensart fortzuführen. Man hatte ihr immerhin ein Jahreseinkommen von 28.000 Talern zugesagt. Sie ließ sich kostbare Kleidung kommen, und auch an teuren Schmuckstücken durfte es nicht fehlen. Der tägliche Speisezettel ließ keine Wünsche offen. Dennoch konnte sie es nicht verschmerzen, von der Außenwelt völlig abgeschirmt zu sein. Auf Schritt und Tritt stieß sie auf bewaffnete Soldaten. Entspannung verspürte sie erst in dem Augenblick, als sie damit begann, ihre Empfindungen niederzuschreiben. Bemerkenswert sind Briefe, die sie an ihren Schwiegervater Kurfürst Ernst August von Hannover, an die Kurfürstin Sophie und auch an ihren Gemahl Georg Ludwig gerichtet hat. In allen diesen Briefen aus den Jahren 1696-1698 bittet sie inständig darum, ihre Kinder wiedersehen zu dürfen. Um die Adressaten der Schreiben gnädig zu stimmen, bezeugt sie in bewegten Worten ihre Reue. Doch niemand zeigte sich gnädig. Sophie Dorothea blieb weiterhin auf Schloss Ahlden gefangen.

Schloss Ahlden an der Aller; Lithographie um 1900

Sophie Dorothea von Braunschweig-Lüneburg (Celle); Ölbild von P. Mignand d. Ä. zugeschrieben; nach 1690

Als ihr Vater 1705 auf dem Sterbebett lag, wollte er seine Tochter noch ein letztes Mal sehen. Jedoch sein eigener Minister Andreas Gottlieb von Bernstorff hielt dies nicht für ratsam, denn ein solches Geschehen könne zu unerwünschten Zwistigkeiten mit dem hannoverschen Hof führen. So ging dieser letzte Versöhnungsversuch ihres Vaters nicht in Erfüllung. Schon 1694 hatte ihre Mutter, Eléonore d'Olbreuse, die unglückliche Lage ihrer Tochter bedauert und um die Erlaubnis nachgesucht, Sophie Dorothea an den elterlichen Hof in Celle zurückzuholen. Minister von Bernstorff hatte der Herzogin von Celle indessen erwidert, ihr Gemahl würde ein solches Vorhaben nicht genehmigen, und so geschah es. Sophie Doroteha blieb von der Außenwelt abgeschirmt.

Im Oktober 1694 erhielt Sophie Dorothea Besuch eines Herrn Thies, eines Beauftragten des Konsistorialrats von Bülow, der ihr die Scheidungsurkunde zur Unterzeichnung vorlegen sollte. Sophie Dorothea hatte selbst das Scheidungsbegehren zum Ausdruck gebracht. Mit der Bemerkung, sie wolle die Sache endlich hinter sich bringen, unterschrieb die Verbannte. Doch Kurfürst Ernst August und seine Gemahlin beauftragen den Konsistorialrat und Präsidenten von dem Bussche sowie den Superintendenten Mola, doch noch eine Versöhnung der Eheleute herbeizuführen. Beide erklärten der Prinzessin mit bewegten Worten, welchen Kummer sie ihren Eltern bereite und dass sie mit dem Begehren nach Scheidung ihren Ruf als Kurprinzessin beschädige. Eine Rückkehr zu ihrem Gemahl sei mit den religiösen Vorschriften vereinbar. Der Superintendent wies auf die von Gott gewollte Unauflösbarkeit der Ehe sowie darauf hin, dass die Verwirklichung ihres Trennungswunsches ihrem Seelenheil Schaden zufügen würde.

Sophie Dorothea war von Minister Andreas Gottlieb von Bernstorff ausdrücklich darüber informiert worden, dass der Kurfürst beschlossen habe, alles zu vergessen, und sie ihre frühere Stellung im Leineschloss wieder einnehmen könne, sollte sie versprechen, mit dem Kurprinzen wieder in Frieden zu leben. Doch der Minister stellte im selben Augenblick eine Bedingung auf, die Sophie Dorothea unannehmbar erschien: Sie müsse ihr schuldhaftes Verhalten vor aller Welt eingestehen. Der Gewalt ihres Gemahls wollte sich die Prinzessin unter gar keinen Umständen unterwerfen. Sie blieb des »schlüssigen und beständigen Vorsatzes, zu ihrem Gemahl nicht wieder zu kommen, sondern allein zu bleiben«.[32]

So sehr sich auch der Superintendant Mola darum bemühte, Sophie Dorothea die ehelichen Pflichten ans Herz zu legen, so blieb sie doch fest entschlossen und beharrte darauf, in Frieden leben zu wollen. Dieser Frieden sei am besten gewährleistet, wenn die Trennung vollzogen würde. Sie hatte dem Grafen Königsmarck Liebe und Treue versprochen, und sie wollte dieses Versprechen nicht brechen.

Quälend blieb für sie, dass ihr die eigenen Kinder vorenthalten wurden. Auch bedruckte es sie, von allen Freunden und Vertrauten getrennt zu sein. Sie fühlte sich als Gefangene und von allem isoliert. Man wolle sie verdorren lassen, sie, den alles überstrahlenden Lichtblick am hannoverschen Hof! Hätte man ihr doch wenigstens Kammerfrau Fräulein von dem

Georg I. (1660-1727) König von Großbritannien und Kurfürst von Hannover, Ölbild von G. W. Fountaine, um 1720

Knesebeck als Gefährtin zugestanden! Welch unvergessliche Erinnerungen könnten sie beide dann austauschen und Sophie Doroteha dadurch ihren Kummer vermindern!

Mit den Jahren fühlte sich Sophie Dorothea durch die strenge Bewachung mehr und mehr eingezwängt. Alle ihre Schritte wurden von Wächtern und dunklen Gestalten beobachtet. Alles, was sie sagte, wurde notiert und als Nachricht dem Hofe in Hannover übermittelt. Ein unerwarteter Besuch ihrer Mutter ließ sie die Qualen der Einsamkeit etwas vergessen. Glücklich war sie, als es der Herzogin Eléonore d'Olbreuse gestattet wurde, auf Schloss Ahlden eine Wohnung einzurichten.

Überglücklich war sie über die Nachricht, dass ihre Tochter, Prinzessin Sophie Dorothea die Jüngere, den späteren König Friedrich Wilhem I. in Preußen geheiratet hatte, der als »Soldatenkönig« in die Geschichte einging. Welch ein Familienglück! Die Familienbande zu den Hohenzollern konnten auch zu engeren Beziehungen zu dem Königreich Preußen führen. Die trostreichen Worte der Mutter Eléonore d'Olbreuse verstärkten allerdings die Erbitterung der Prinzessin, da ihr der persönliche Umgang mit ihren eigenen Kindern weiterhin verwehrt blieb. Bedrückend blieben auch die Umstände ihrer Gefangenschaft. Sie durfte sich ohne das 40 Mann starke Wachpersonal weder im Innenhof des Schlosses noch in den an das Schloss grenzenden Wäldern aufhalten. Nicht einmal im Scheidungsurteil waren dafür Anhaltspunkte enthalten. Sophie Dorotheas Kammerfrau, Frau von Ilten, konnte ihrer Herrin kaum begreiflich machen, dass sie nicht einmal die Kirche aufsuchen durfte. Die Einsamkeitsgefühle wichen nicht aus der Seele der Verbannten. Eléonore d'Olbreuse, die Herzoginwitwe aus Celle, blieb allerdings unentwegt darum bemüht, ihrer Tochter Beistand zu leisten. Sie blieb in all den Jahren die einzige Verbindung Sophie Dorotheas zur Außenwelt. Die verbannte Prinzessin hatte zu ihrer eigenen Tochter Sophie Dorothea der Jüngeren in Berlin kaum Kontakte, diese reichten über eine spärliche Korrespondenz nicht hinaus. Eine echte Mutter-Kind-Verbindung ließ sich nicht aufbauen, obwohl ihre Tochter aus Berlin brieflich versicherte, sie empfinde Zuneigung und Liebe zu ihrer Mutter und sie werde alles versuchen, deren beklemmende Lage zu verbessern. Den dringenden Bitten ihrer Mutter um einen Besuch erfüllte die Königin Sophie Dorothea in Preußen allerdings ebenso wenig wie die Bitte der Verbannten, sich für ihre Freilassung einzusetzen.

Tag für Tag hörte sie die Schlosswache im Innenhof, und in den angrenzenden Wäldern bezogen Wachposten ihre Stellung. Sie wurde wie eine Staatsverbrecherin behandelt und täglich ihrer Freiheit beraubt. Die Gnadenlosigkeit des verwandten Königshofs in Preußen raubte ihr fast den Verstand.

Aus Staatsraison musste Sophie Dorothea ihr Leben bis zu ihrem Tod auf Schloss Ahlden fristen. Sophie Dorothea, heute auch bekannt unter den Namen »Prinzessin von Ahlden«, schloss nach 32 Jahren in der Verbannung 1726 für immer ihre Augen.

Epilog

Vergleicht man im Hinblick auf die Frage nach den Hintergründen, den Motiven und dem Geschehen in der Mordnacht des 11. Juli 1694 die Arbeiten von Schnath und Williams miteinander, wenngleich beide Darstellungen rund 100 Jahre auseinanderliegen, dann lässt sich Folgendes konstatieren: Beide Autoren haben das in verschiedenen europäischen Städten lagernde Archivmaterial sowie persönliche Hinterlassenschaften eingehend untersucht. Beide beziehen sich auch auf die Dokumente Otto Menckens, der als diplomatischer Insider des Geschehens angesehen werden kann. Beim Umgang mit den Dokumenten gehen beide Autoren allerdings unterschiedliche Wege. Während Robert Folkstone Williams für die Zusammenfassung der ermittelten Tatsachen und Begebenheiten die literarische Dialogform wählt, fasst Georg Schnath seine Schlussfolgerung nüchtern in archivarisch-wissenschaftlicher Form zusammen. Die unterschiedlichen Darstellungsweisen mögen freilich der jeweiligen Zeit geschuldet sein, zu der sie geschrieben wurden, 1847 im Falle von Williams, 1952 im Falle von Georg Schnath. Bemerkenswert bleiben gleichwohl die Differenzen. Die vier bei Williams namenlosen Hellebardiere werden von Georg Schnath bei ihren Namen genannt: Wilken von Klencke, Philipp Adam Freiherr von Eltz, Johann Christoph von Stubenvol sowie der Italiener Don Nicolo di Montalban. Letzterer, der Königsmarck gegenüber persönliche Animositäten hegte, soll diesem die tödliche Verwundung zugefügt haben. Während Georg Schnath sich nicht zu einer Antwort auf die Frage durchringen konnte oder wollte, ob der vermutete Mord mit oder ohne Wissen und Willen der kurfürstlichen Familie geschah,[33] ist sich Williams seiner Sache sicher und konzentriert sich auf den Kurfürsten Ernst August und dessen Mätresse Gräfin Clara von Platen als die zentralen Figuren des schließlich tödlich endenden Geschehens. Ihm zufolge hat die Gräfin von Platen aus Rache, aus verschmähter Liebe und wegen der Zurückweisung ihrer Bitte, Königsmarck möge ihre Tochter Sophie Charlotte heiraten, den Mord in erster Linie zu verantworten.

Sicherlich kann man dem Kurfürsten Ernst August kein Motiv unterstellen, dessentwegen er einen seiner hochgeschätzten Offiziere hätte beiseiteschaffen wollen. Dagegen hatte die Gräfin von Platen, wie gesagt, für ein solches Handeln durchaus triftige Gründe wie Verschmähung, Wut, Eifersucht und Rachegelüste, so dass ihr der Wunsch nach Tötung des jungen Grafen wohl unterstellt werden darf. Aus dieser Einsicht in die Plausibilität eines Tötungsmotivs folgt jedoch nicht automatisch, dass die Gräfin selbst Königsmarck getötet habe. Wie aber, wenn sie die Tötung mittels der herbeigerufenen Hellebardiere bewirkte?

Werfen wir einen Blick auf die heutige Rechtslage, um den Begriff einer Straftat, in unserem Fall den Begriff »Mord« zu bestimmen: Der Bundesgerichtshof hat in einem Urteil vom 10. Juni 2015 ganz deutlich gemacht, was unter einer »Straftatbeteiligung« zu verstehen ist. Damit hat er Rechtsgeschichte geschrieben. Dem Urteil des Bundesgerichtshofes zufolge verstößt eine Straftatbeteiligung gegen das Rechtsstaatsprinzip nach § 20 Absatz 3 GG. Als Straftatbeteiligte bzw. als Provokateurin kann die Gräfin von Platen mithin deshalb bezeichnet werden, weil sie vermutlich andere Personen planmäßig zur Begehung einer Straftat angeleitet hat. »Eine Tatprovokation liegt vor, wenn Personen derart beeinflusst werden, dass sie zur Begehung einer Straftat verleitet werden«.[34]

Gemäß der Rechtssprechung des Bundesgerichtshofs „liegt eine Mittäterschaft dann vor, wenn ein Tatbeteiligter mit seinem Verhalten fremdes tatbestandsverwirklichendes Tun nicht nur bloß fördern will, sondern wenn sein Tatbeitrag im Sinne gleichgeordneten arbeitsteiligen Vorgehens Teil einer gemeinschaftlichen Tätigkeit sein soll. Dabei muss der Beteiligte seinen Beitrag als Teil der Tätigkeit des anderen und umgekehrt dessen Tun als Ergänzung seiner eigenen Tatanteils wollen. Ob ein Beteiligter ein derart enges Verhältnis zur Tat hatte, muss nach den gesamten Umständen, die von den Vorstellungen des Handelnden umfasst wurden, in wertender Betrachtung beurteilt werden. Wesentliche Anhaltspunkte für diese Wertung sind insbesondere der Grad des eigenen Interesses am Erfolg der Tat, der Umfang der Tatbeteiligung und die Teilhabe an der Tatherrschaft oder wenigstens der Wille dazu, so dass Durchführung und Ausgang der Tat vom Einfluss des Mitwirkenden abhängen. Für eine gemeinschaftliche Tatbegehung ist nicht erforderlich, dass jeder der Mittäter eigenhändig an der zum Tode führenden Verletzungshandlung teilnimmt«.[35]

Unter Zugrundelegung der hier dargelegten Bestimmung der Tatbeteiligung würde die Gräfin von Platen heute bestraft werden, vorausgesetzt, es könnte ihr tatsächlich nachgewiesen werden, dass sie heimtückisch in gemeinschaftlichem Zusammenwirken mit vier weiteren Personen den Tod eines Menschen maßgeblich mitbewirkt hat, unabhängig davon, ob sie selbst die Mordwaffe geführt hat oder nicht. Die Heimtücke ist im deutschen Strafrecht ein sogenanntes Mordmerkmal. Dazu gehört das bewusste Ausnutzen der Ahnungslosigkeit des Opfers. Ahnungslos war Graf Königsmarck, weil er – was unzweifelhaft feststeht – aus dem Hinterhalt angegriffen wurde.

Fassen wir noch einmal zusammen: Unzweifelhaft hat sich der Kurfürst in die Machenschaften der Gräfin Platen einbinden lassen. Nach Williams hat er nach der Tat seiner Mätresse vorgeworfen, sie habe seinen Befehl missachtet, den Grafen Königsmarck lediglich festnehmen zu lassen. Ernst August sowie sein Sohn Georg Ludwig hatten überhaupt keine Hemmungen, sich abwechselnd Mätressen zu halten. Die mit diesen Damen gezeugten Kinder wurden am Hof problemlos aufgenommen. Nichts deutet darauf hin, dass Vater und Sohn Königsmarck gegenüber irgendwelche Rachegelüste gehegt hätten. Beide hatten auch nicht das Gefühl, einen Ehrverlust erlitten zu haben. Mit Königsmarck hatte die Gattin des hannoverschen Ministers Franz Graf von Platen ein amouröses Verhältnis unterhalten. Dann verliebte sich Königsmarck in die Kurprinzessin Sophie Dorothea. Diese leidenschaftliche Liebesbeziehung hat die Gräfin von Platen mit raffinierten Intrigen immer wieder zuhintertreiben versucht. Als schließlich ihr Vorhaben, die eigene Tochter Sophie Charlotte mit Königsmarck zu verheiraten, gescheitert war, kulminierten ihre Rachegelüste. Die Absichten des Kurfürsten waren nur darauf gerichtet, Königsmarck gefangennehmen zu lassen, um ihn anschließend des Landes verweisen zu können. Für diese Version spricht, dass Königsmarck als gefeierter Kriegsheld formell noch immer im hannoverschen Militärdienst stand. Nach Auswertung sämtlicher zugänglicher Briefdokumente war der Kurfürst – nach Williams – insofern in die Geschehnisse involviert, als es die Gräfin Platen vermochte, ihm immer mehr Zugeständnisse abzuringen, die ihren eigenen Plänen entsprachen. Er selbst dachte ursprünglich lediglich daran, Königsmarck, einen in seinem militärischen Dienst stehenden Offizier, gefangennehmen zu lassen. Dann wurde ihm die Zustimmung zu einer Bewaffnung der mit der Gefangennahme beauftragten Hellebardiere abgerungen, schließlich auch der den Hellebardieren erteilte Befehl, die Anordnungen der Gräfin Platen zu befolgen. Als dem Kurfürsten die Nachricht übermittelt wurde, Königsmarck sei tot, hat er nach Williams glaubhaft bekundet, sein Befehl habe lediglich gelautet, den Grafen gefangenzunehmen und in Sicherheit zu bringen. Diesen Vorwurf versuchte die Gräfin Platen mit der erwiesenermaßen falschen Behauptung zu entkräften, Königsmarck sei bewaffnet gewesen und habe sich wütend mit Gewalt verteidigt und sei dabei aus Versehen getötet worden. Diese Version ist perfide, denn nach Zeugenaussagen steht fest, dass Königsmarck das Leineschloss in leichter Sommerkleidung und unbewaffnet betreten hatte. Ernst August hatte sich dem bestimmenden Einfluss seiner Mätresse unterworfen und es somit zugelassen, dass die von ihm angestrebte Gefangennahme in einen Mord mündete. Die von Georg Schnath namentlich ermittelten Wilken von Klencke, Philipp Adam Freiherr von Eltz, Johann Christoph von Stubenvol sowie der Italiener Don Nicolò di Montalban sind als Täter zu bezeichnen.

Anhaltspunkte für die Wertung eines Tatbeitrages bietet nach Auffassung des BGH der Grad des eigenen Interesses am Erfolg der Tat. Die Hofbeamten von Klenke, von Eltz und von Stubenvol handelten auf Befehl des Kurfürsten, wobei sie die Anordnungen der Gräfin von Platen befolgten. Primärquellen belegen, dass Montalban Königsmarck im Handgemenge den tödlichen Stoß versetzt hat. Eine persönlich geprägte Zwietracht zwischen beiden dürfte hierfür den Ausschlag gegeben haben. Hatte Montalban ein Eigeninteresse, Königsmarck zu erledigen? Unabhängig von der Antwort auf diese Frage, sind alle vier sowie die Gräfin von Platen als Mittäter zu qualifizieren. Nach der heutigen Rechtsprechung ist es für »eine gemeinschaftliche Tatbegehung« nicht erforderlich, dass jeder der Mittäter eigenhändig an der zum Tode führenden Verletzungshandlung teilgenommen hat. Der Historiker Jürgen Walter meint hierzu: »Das Ganze geschah mit Wissen und Billigung allerhöchster Stellen, das heißt des Kurfürsten und der Kurfürstin«. Diese Einschätzung halte ich für verfehlt. Während die vier Tatbeteiligten und Mittäter als willige und gehorsame Werkzeuge handelten, ist die Gräfin Platen als Haupttäterin einzustufen. Tatsächlich war ihre Handlung Teil eines perfekt geplanten und organisierten Vorhabens. Die von Williams und Schnath aus dem dokumentarischen Material herausgearbeiteten Indizien erweisen mit einer an Sicherheit grenzenden Wahrscheinlichkeit, dass die Gräfin Platen die Drahtzieherin und Hauptverantwortliche des gesamten Geschehens gewesen ist. Nicht zutreffend ist die Version von Schnath, derzufolge man den Leichnam mit Steinen beschwert und dann in die Leine versenkt habe. Dies ist allein schon deshalb auszuschließen, weil bei Niedrigwasser die Überreste des Ermordeten allzu leicht hätten entdeckt werden können. Es ist davon auszugehen, dass – wie Williams schreibt – die Gräfin Platen den vier Hellebardieren die Anordnung erteilte, Königsmarcks Leichnam mit »reichlich Löschkalk« zu vergraben. Löschkalk führt praktisch zur völligen Auflösung menschlicher Überreste.

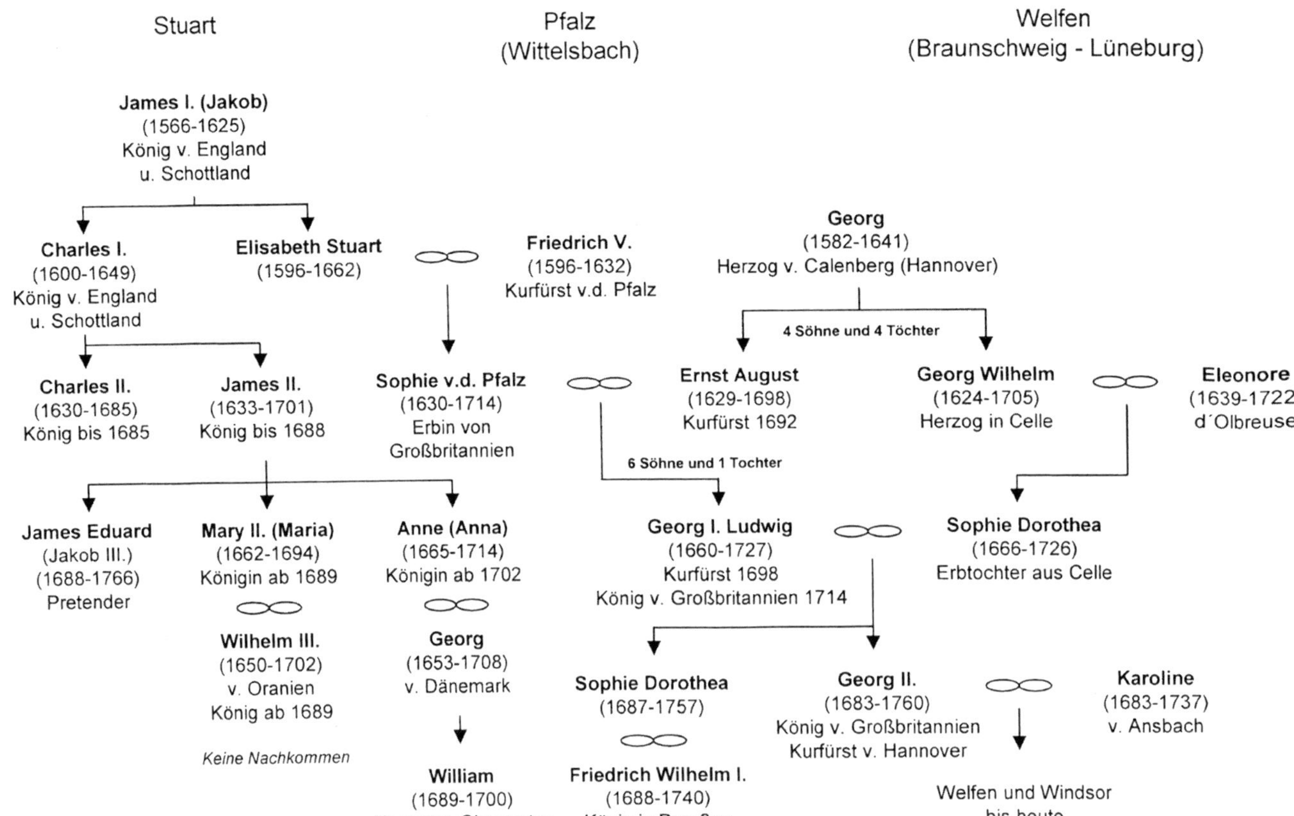

Stuart
Pfalz (Wittelsbach)
Welfen (Braunschweig - Lüneburg)
James I. (Jakob) (1566-1625) König v. England u. Schottland
Charles I. (1600-1649) König v. England u. Schottland
Elisabeth Stuart (1596-1662)
Friedrich V. (1596-1632) Kurfürst v.d. Pfalz
Georg (1582-1641) Herzog v. Calenberg (Hannover)
4 Söhne und 4 Töchter
Charles II. (1630-1685) König bis 1685
James II. (1633-1701) König bis 1688
Sophie v.d. Pfalz (1630-1714) Erbin von Großbritannien
Ernst August (1629-1698) Kurfürst 1692
Georg Wilhelm (1624-1705) Herzog in Celle
Eleonore (1639-1722) d´Olbreuse
6 Söhne und 1 Tochter
James Eduard (Jakob III.) (1688-1766) Pretender
Mary II. (Maria) (1662-1694) Königin ab 1689
Anne (Anna) (1665-1714) Königin ab 1702
Georg I. Ludwig (1660-1727) Kurfürst 1698 König v. Großbritannien 1714
Sophie Dorothea (1666-1726) Erbtochter aus Celle
Wilhelm III. (1650-1702) v. Oranien König ab 1689
Keine Nachkommen
Georg (1653-1708) v. Dänemark
William (1689-1700) Herzog v. Gloucester
Sophie Dorothea (1687-1757)
Friedrich Wilhelm I. (1688-1740) König in Preußen
Georg II. (1683-1760) König v. Großbritannien Kurfürst v. Hannover
Karoline (1683-1737) v. Ansbach
Welfen und Windsor bis heute

Schulenburg Königsmarck Platen

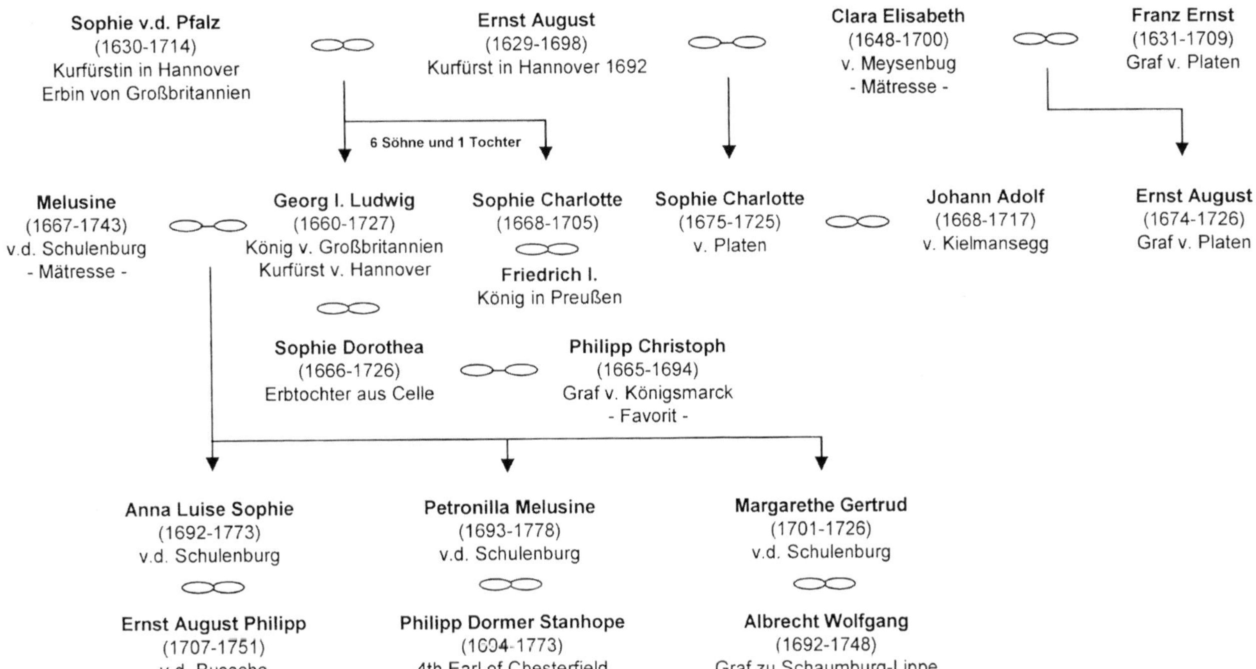

Herzogliches Schloss in Celle mit Blick von Norden nach Süden,
Sophie Dorothea Prinzessin von Braunschweig-Lüneburg wurde hier 1666 geboren;
kolorierte Federzeichnung von J. H. Steffen aus dem Jahr 1769.
Gottfried Wilhelm Leibniz Bibliothek, Hannover: Mappe XIX E 69a